법 고

법 고

초판 1쇄 인쇄 2011년 02월 12일
초판 1쇄 발행 2011년 02월 19일

지은이 I 慧日明照
펴낸이 I 손형국
펴낸곳 I (주)에세이퍼블리싱
출판등록 I 2004. 12. 1(제315-2008-022호.)
주소 I 서울특별시 강서구 방화3동 316-3번지 한국계량계측협동조합회관 102호
홈페이지 I www.book.co.kr
전화번호 I (02)3159-9638~40
팩스 I (02)3159-9637

ISBN 978-89-6023-531-1 13220
ISBN 978-89-6023-541-0(전3권) 13220

불교음악 총서 시리즈 3

법 고

慧日明照 지음

ESSAY

차 례

결론_105

참고문헌_109

　모든 것은 반드시 변할 수밖에 없다. 문화와 종교, 심지어 언어와 음악에 이르기까지 변화에는 예외가 있을 수 없다. 그렇기에 집착하는 것이 무상할 수밖에 없다. 무언가가 변화하는 과정에는 늘 긍정적인 면과 부정적인 면이 함께 작용한다.

　불교음악과 의식도 예외는 아니어서 겉으로는 화려하고 대중화한 긍정적인 발전을 이뤘지만, 때로는 종교적 사상과 교리가 사라져버린, 단지 보여주기 위한 무대 공연처럼 변화하기도 한다. 가령, 스님이 시연하는 법고(法鼓) 연주는 종교적 신앙심을 초월하여 보는 이로 하여금 탄성을 자아내게 한다. 그만큼 많은 사랑과 관심을 받고 있다. 그 결과, 연주자는 더욱 화려한 몸짓과 자극적인 리듬을 구사하며 불교의식의 대중화에 앞장서고 있다. 물론 긍정적이다.

　그러나 불교의식과 음악을 접해보지 않은 스님들에 의해 연주법이 전수되다 보니 연주형태가 지극히 서양음악형 리듬으로 자리잡았다. 또한, 연주를 위한 강·약의 기준도 무조건 '듣기 좋으면 된다'는 식으로 변해버렸다. 마치, 누군가가 듣기 좋은 법고 연주를 구사하면 무작정 따라하는 식이다. 이러다 보니 필자의 눈에 비친 법고 시연자는 신나게 연주하는 드러머(drummer)로밖에 비치지 않는다. 불교의식에서 가장 오랜 전통을 자랑하는 법고 연주가 대중음악에서나 접해볼 수 있는, 귀에 익숙한 드럼 연습곡처럼 들리는 건 무슨 이유일까?

불교의식은 다양한 악기 연주를 동반한다. 당연히 의식 진행을 위한 악기 연주는 한국 전통 장단의 틀을 벗어나지 않는 3분박 형태를 취하고 있다. 천수바라무와 사다라니바라무를 비롯한 무용 장단과 장엄염불, 정근 염송에 이르기까지 불교의식을 진행하는 수많은 반주음악은 이와 같은 한국 전통 장단을 기반으로 진행한다. 그러나 법고 연주만큼은 전통음악적 장단과 차별화된 2분박 음악 형태를 고수하고 있다. 이와 같은 음악적 특징이 정립된 배경은 근대 서양음악이 대중문화 속에 깊이 자리한 결과로 추측하는데, 이는 전통 불교의식의 반주음악을 구사하는 데 아무런 도움도 주지 못한다. 오히려 전혀 엉뚱한 리듬감만 생성할 뿐이다. 이에 현재(2007~08) 연주하는 법고 리듬을 분석하여 음악적 구성을 알아보고 원인을 분석, 정리하여 불교의식에 적합한 연주 형태로 변화할 수 있는 의견을 제시하고자 한다.

본서는 지난 2008년 필자의 학위논문, 「불교 법고 리듬에 관한 연구」[1]에 실린 내용을 스님들의 법고 실기 교육에 활용하기 위한 목적으로 재구성하였다. 제1장에서는 현행 2분박 법고 리듬에 관한 이해를 통해 서양음악의 박자 개념을 알아보고 이어 불교계, 각 종단에서 연주하는 법고 리듬을 분석 정리하였다. 제2장에서는 현행 불교의식에서 연주하는 3분박 형태의 반주음악을 알아보고 독

---

1) 노명열, 『불교 법고 리듬에 관한 연구』(서울: 중앙대학교 대학원 석사학위논문, 2008).

주 형태로 연주하는 자웅금 연주법을 법고 연주에 접목시킬 수 있는 방안을 모색하였다. 제3장에서는 이와 같이 정립한 3분박 리듬을 실기 연습에 유용하도록 악보로 정리하여 소개하였다.

불교의식에서 악기를 동반한 모든 음악적 형태는 한국 전통음악과 호흡을 같이하며 공존한다. 아무리 듣기 좋은 법고 연주라도 불교의식과 전혀 다른 형태로 구성한다면 이는 흥을 돋우는 대중음악과 다를 바 없다. 법고 연주는 불교의식에 포함된 모든 장단과 동일한 구성으로 진행해야 비로소 온전한 불교 음악으로 인정받을 수 있다. 부족하지만 본서가 불교 법고 연주에 관심을 갖고 있는 스님들께 조금이나마 도움이 되길 발원한다.

II 본론

① 2분박 리듬

현재 연주하는 2분박(分拍) 법고리듬은 각 사찰에서 아침과 저녁 예불을 통해 흔히 접해볼 수 있다. 불교의식에서 연주하는 범종(梵鐘)과 운판(雲版) 그리고 목어(木魚)의 연주는 종교적·교리적 설명을 뒷받침해야 비로소 그 가치를 느끼며 연주에 몰두할 수 있지만 법고(法鼓) 연주는 대중에게 익숙한 리듬으로 진행하고 있어 종교적 신앙심과는 상관없이 보고 듣는 것만으로도 환희심을 낼 수 있다.

그러나 아쉽게도 현재 법고를 연주하는 승려나 그 음악을 듣고 탄성을 자아내는 대중(大衆)은 법고 연주의 음악적 구성이 어떤 형태로 이뤄져 진행하는지 자세히 알지 못한다. 물론, 누구나 연주자의 입장에 있을 때는 소임을 다하려는 목적으로, 그저 부처님의 가르침을 북소리에 담아 전하고자 무작정 연주에만 몰두하기 때문이다.[2]

---

2) 필자의 경험이 그렇다. 행자부터 사미시절까지 법고를 연주하는 데 목적을 두었지 이 연주가 드럼의 연주음악인지 전통음악의 연주인지 전혀 관심을 두지

북을 연주하는 것은 당연히 일정한 리듬을 필요로 한다. 그리고 이와 같은 일정한 패턴은 그 음악적 근원을 유추해 낼 수 있을 만큼 중요한 단서를 제공한다. 이제 본 장에서 2분박 리듬의 정의를 살펴봄으로써 현재 불교계에서 전수하고 있는 법고 리듬의 음악적 구성을 확인해보고 그 정립 배경을 알아보도록 하겠다.

1) 2분박 리듬의 정의

리듬(rhythm)은 그리스어의 'rhythmos'에서 유래되었다. 이 단어의 의미는 예거(jager, 1959)의 "흐름이 아니고 저지(低地)이며 운동의 확고한 구분이다"라는 뜻을 포함한다.[3] 또한 서양음악에서 리듬은 가장 기초적인 음악적 기능을 가진 요소로서 시간과 운동의 질서로 정의[4]한다. 즉, 시간은 분할을 의미하고 시간을 일정한 간격으로 분할하면 박(pulse)이 되며 박에 일정한 간격으로 악센트를 주면 박자(beat)가 되고, 박자를 토대로 다양하고 질서 있게 시간을 나누면 리듬(rhythm)이 된다.[5] 리듬이 없는 음악이란 존재하지 않는다. 따라서 음악에 있어서 선율의 완전한 외형은 연주나 가창(歌唱)을 통하여 규칙적 혹은 불규칙적으로 연결되는 박자에 의해 결정된다.[6]

않았다.

[3] 신인선, 『한국음악과 서양음악에 나타난 리듬 비교연구』(서울: 경희대학교 대학원 석사학위논문, 1985), 7쪽.

[4] 윤양석, 『음악기초론』(서울: 세광음악출판사, 1986), 15쪽.

[5] 우희수, 『가야금 기초학습 방법 연구』(서울: 숙명여자대학교 전통문화예술대학원 석사학위논문, 2004), 6~7쪽.

[6] 강원경, 『국악과 서양음악의 리듬적 요소에 대한 비교 연구』(부산: 동아대학교 교육대학원 음악교육 석사학위논문, 1979), 7쪽.

음악에서 리듬은 가장 기본적인 뼈대를 구성한다. 리듬으로만 된 음악이 있는가 하면, 리듬에 음높이를 붙여서 이루어진 선율로 된 음악도 있다. 더 나아가 여러 개의 선율이 동시에 움직이는 음악도 있고, 한 선율에 화음을 붙여서 만드는 음악도 있다. 어떤 유형의 음악이든 리듬은 그 기본 골격이 된다. 일정한 박을 토대로 하여 만들어진 리듬도 있지만 일정하지 않은 박을 토대로 하여 만들어진 리듬도 있다. 그러나 자유로운 비트와 일정하지 않은 박자 위에 만들어진 리듬도 음악에서는 중요하다. 소리를 내는 음표와 소리를 내지 않는 쉼표도 리듬을 표현하는 중요한 수단이 된다.[7]

지금부터 설명하는 2분박이란 말 그대로 '하나의 박자를 둘로 나누는 것'으로 인식하면 된다. 그 유형을 설명하면 다음 표와 같다.

[표 1] 2분박의 기본적인 구성 형태[8]

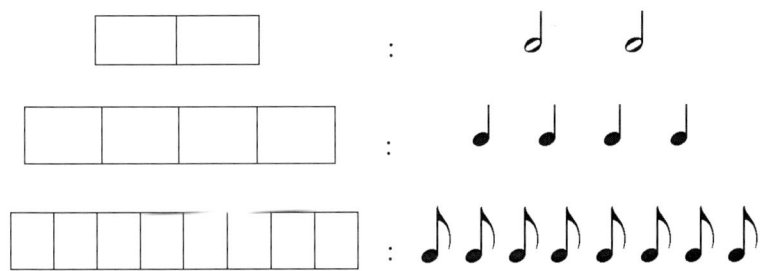

위의 표는 우리가 일상생활과 학교 기본교육, 음악시간에 접해

---

7) 송미란, 『전통음악 지도체계의 재구성에 관한 연구』(서울: 한양대학교 교육대학원 석사학위논문, 2000), 3~4쪽.
8) 서양음악의 기본적인 리듬은 음을 두 개로 똑같이 나누어 설명하고 현재 우리와 밀접하게 접하는 거의 모든 대중음악은 이러한 서양음악의 체계로 확립되어 연주하고 있다.

온 서양음악의 음표와 동일한 박자 개념으로 하나의 박자를 둘로 나누고 나눠진 박자가 또 다른 둘로 나눠져 성립되는 것으로 이해하면 된다. 즉, 서양음악의 음표는 2배수로 정했기 때문에 박자표의 분모에 해당하는 음표가 2분 음표, 4분 음표, 8분 음표, 16분 음표 등으로 쓰인다.[9]

이러한 음악의 리듬 형태는 예술이나 운동, 시간과 공간에 관련되는 모든 것에 존재하며 주기적으로 질서 있게 움직이는 운동의 조직이라 하겠다. 리듬은 신체 내부에 발생되는 심장의 고동·맥박·호흡·혈액순환에서도 느낄 수 있어 인간의 신체와도 밀접한 관계가 있음을 알 수 있다. 여기서 리듬과 박을 구별하여 설명하자면, 음악에서 리듬은 일정하게 지속되는 '박(拍)' 위에서 이뤄진다. 일정하게 지속되는 '박'들 중 어떤 박은 강하다. 강한 박에 의해 일정한 형태를 가지게 되며, 음악은 그 그룹 위에서 이루어진다.[10] 이러한 박의 그룹을 '박자'라고 한다. 한 박에 하나의 소리가 날 수도 있고, 한 박에 둘 이상의 여러 소리가 날 수도 있다. 또 한 박보다 긴 소리가 날 수도 있다. 리듬은 음악의 구조적 골격을 갖추는 근거를 제공하고 음악의 동적인 에너지로서의 역할을 한다.[11]

이러한 2분박 리듬이 기본이 되어 서양음악은 음악이 처음 만들어진 초기부터 그 형태는 다르지만 악보로서 음악이 표시되었고 악보에는 음길이가 상대적인 비례로서 결정되었다.[12] 시(詩)와 일

---

9) 정세윤, 『사물놀이의 장단분석』(부산: 동아대학교 교육대학원 석사학위논문, 1994), 9쪽.
10) 현재 승가의 법고가락도 일정한 강박(强拍)으로 연주되며 그 패턴이 서양음악의 2분박 혹은 4분박으로 일정하게 보인다.
11) 음승희, 『효과적인 리듬 교육을 위한 수업지도 방안 연구』(서울: 경희대학교 교육대학원 석사학위논문, 2006), 5쪽.

정한 관계가 있었던 고대 그리스음악의 리듬은 가사에 의해 지배받는 운율적인 리듬이 주를 이루었고 중세에는 비교적 유려(流麗)해졌다. 또한, 이미 패턴이 결정되어 있는 'rhythmic mode'에 의해 서로의 상대적인 음가(音價)가 정해졌다. 르네상스에 가까워지면서 개개의 음가가 지시하는 정량기보법(定量記譜法)으로 쓰여졌으며, 점점 짧은 음이 생겨나고 음가의 세분화가 이루어졌다. 20세기에 들어서자 민족음악(民族音樂)의 리듬을 인용하고 복잡한 사회양상을 따라 역동적인 리듬도 나타났으며 첨가적 리듬의 추구로 전향하였다. 기술적 발전의 도움으로 전자 매체가 음악의 표현수단으로 이용되면서 무한정한 리듬의 전개가 가능해졌고 거의 완벽한 결정성의 음악을 창조해 내었다.[13]

이렇듯 분할 리듬을 바탕으로 발전해온 서양음악적 구성은 기본적으로 비례적인 박자로 이뤄져 전개해온 것을 알 수 있고 비례박자의 틀은 바로 2분박이다.

2) 법고의 정의와 연주 목적

법고(法鼓)란 무엇인가? 법고는 사찰의 법당의 동북쪽에 달아놓은 큰북을 가리키는 것으로, 홍고(弘鼓)라고도 한다. 주지의 상당(上堂)[14]、소참(小參)[15]、입실(入室)[16] 등의 법요의식 때 쓰이며

---

12) 곧 일정한 비례관계로서 박자가 나눠진다는 것으로 2, 4, 8, 16박자 등으로 변형되기 쉽다.

13) 윤영화, 『서양음악의 리듬변천에 관한 소고』(서울: 서울대학교 대학원 석사학위논문, 1982), 78~79쪽.

14) 주지가 법을 설하기 위해 법당으로 나아가는 것. 『佛敎大辭典』(서울: 홍법원, 1998), 上, 1250쪽.

15) 정식의 설법에 대하여, 해가 저물 때 장소를 정하지 않고, 혹은 임시로 침당

새벽·저녁예불 때와 법식(法式)을 거행할 때 이 북을 연주한다. 불교에서 법고를 연주하는 것은 축생의 부류를 제도하기 위함으로 알려져 있으며, 불법(佛法)을 북에 비유해 설명하기도 한다. 이는 교법이 널리 세간에 전하는 것을 북소리가 널리 퍼지는 데 비유하기도 하고, 교법으로 중생의 번뇌를 없애는 것이 마치 진(陳)을 치고 있던 군사들이 북소리가 울리면 전진해 적을 무찌르는 것과 같다고 설명하기도 하며, 정법(正法)의 북을 쳐서 시방세계를 깨우친다는 뜻으로 쓰이기도 한다.[17]

한편 불경(佛經)에도 북에 대한 이야기가 나오는데 『수행본기경』[18] 권상 「보살강신품」을 예로 들면,

이에 능인보살은 흰 코끼리로 변하여 모태에 들어왔는데, 때는 사월 팔일이었다. 부인은 목욕을 하고 향을 바르고 새 옷으로 갈아입고 나서 잠시 안정시키는 사이 꿈을 꾸었다. 공중에서 흰 코끼리가 날아왔는데 그 광명이 온 천하를 비추었고, 금(琴)을 타고 북(鼓)을 치고 노래하는 소리가 들려왔다. 꽃을 뿌리고 향을 사르며 부인에게로 오더니 갑자기 사라졌다. 부인이 놀라서 정신을 추스르지 못하자 왜 그렇게 놀라느냐고 왕이 물었다. 그러자 부인은 꿈속에서 흰 코끼리가 공중에서 날아왔는데 금과 북을 연주하고 꽃

· 법당·방장의 거실에서 약식으로 행해지는 주지의 설법 및 그에 수반되는 문답(問答) 상량(商量)이었음. 김정길, 『佛敎大辭典』, 上, 1250쪽.

16) 진언밀교에 있어서 관정당(灌頂當)에 들어가 스승으로부터 수법관정(受法灌頂)하는 것. 건당(建幢)이라고도 함. 『佛敎大辭典』, 下, 2174쪽.

17) 장호상, 『브리태니커세계대백과사전』(서울: 웅진출판주식회사, 1993), 9권, 255쪽.

18) 부처의 전기를 기록한 불전(佛典)으로 전 2권. 후한(後漢)의 축대력 등이 번역함. 『과거현재인과경』과 동본임. 『佛敎大辭典』, 上, 1456쪽.

을 뿌리고 향을 사르며 날아왔다가 갑자기 사라져서 이렇게 놀랐노라고 말했다.

　이 내용은 석가모니의 전신(前身)인 보살이 도솔천에서 내려와 마야 부인의 태(胎)에 들어갈 때 마야부인의 꿈에 흰 코끼리로 나타난 상황을 설명하는 것이다. 이 기록 중에 "금(琴)을 타고 북(鼓)을 치고 노래하는 소리가 들려왔다"는 내용이 보인다. 이러한 기록은 석존께서 탁태(托胎)하는 과정을 비롯하여 금과 북을 연주하고 노래하는 음악이 함께 존재했음을 일러주고 있다. 다시 말해서 부처가 탄생되기 이전부터 음악의 존재와 그 중요성이 강조되고 있는 것이다.[19] 이렇듯 불교 음악들은 불교가 발생되기 이전부터 존재해온 음악들을 흡수하여 경전과 교리를 바탕으로 종교음악으로 발전시킨 것으로 보인다.

　법고 연주의 탄생은 과거 불교가 한국에 전래된 당시, 신호로서 존재하는 북의 용도가 축생을 제도하는 불교 사상과 합일되고 한국의 민속장단과 융화(融化)과정에서 성립된 것으로 추측한다. 더군다나 법고에서 파생한 다양한 음악적 구성이 불교의식 진행과 접목하여 지금의 불교의식 반주에 활용된 것으로 여겨진다.

---

19) 박범훈, 『한국불교음악사연구』(서울: 장경각, 2000), 45~46쪽.

[그림 1] 법고(法鼓)20)

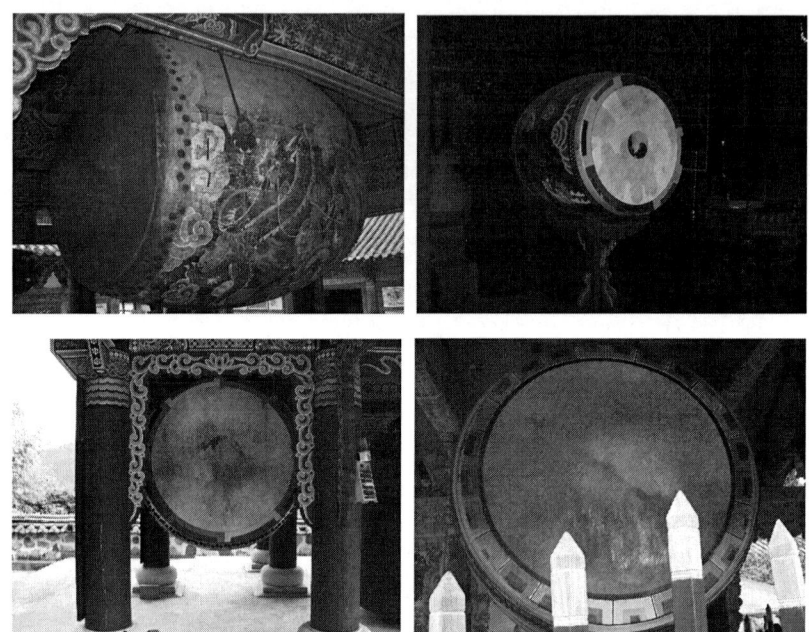

불교의식에서의 법고 연주는 다양한 형태로 전해진다. 먼저, 새벽과 저녁예불 시간에 맞춰 대중의 운집을 신호로 전달하며 동시에 불교의 가르침을 북 연주에 실어 축생을 제도하고자 연주한다. 이때 연주하는 북은 주로 야외에 위치한 대북, 곧 법고이다. 다음은 의식의 진행 중 독경(讀經)과 무용의 반주를 위한 것으로 이때는 주로 법당 내에 위치한 소북(小鼓)을 연주한다. 소북의 연주는 주로 독경의 반주로 진행하는데 목탁과 같이 한 자에 한 번(一字一打), 혹은 두 자에 한 번(二字一打) 북을 연주함으로써 음악적 리듬을 통해 경을 읽는 모든 이가 동음(同音)으로 독송(讀誦)할 수 있도

---

20) 각 사찰에서 새벽·저녁예불 전에 연주되는 법고. 출처: 본인 촬영.

록 한다. 물론, 북 연주자에 따라서는 다양한 장단을 섞어가며 화
려한 연주를 구사할 수 있지만 신명나는 반주의 역할보다는 일정
한 리듬으로 경을 읽어가는 데 도움을 주는 목적이 있다.

무용 반주에 쓰이는 소북의 장단은 3분박, 3/8·6/8·9/8·12/8
·15/8박자의 자진모리장단을 기본으로 한다. 주로 불교 재 의식에
서 행해지는 바라무, 나비무, 법고무 등의 반주로 쓰인다.

[그림 2] 독경(讀經)할 때의 반주 모습[21]

1950~60년대, 한국 불교계가 조계종과 태고종으로 재편된 이후
불교의 상용의식은 보다 간소화는 경향이 뚜렷하다. 이는 의식을
진행하는 악기에서도 확인할 수 있는데 현재 대부분의 사찰에서
의식을 진행함에 있어 태징(太鉦)이나 소북 등의 소사물(小四物)[22]
은 사용하지 않고 오직 목탁과 요령만으로 의식을 집전한다. 이는

---

21) 일반적인 소북의 반주 모습으로 영산재 예능보유자 구해 스님(오른쪽)의 연
   주 모습. 출처: 본인 촬영.
22) 동라(태징)·바라·요령·죽비·법라(패)·삼현육각(거문고, 가얏고, 당비파,
   북, 장구, 해금, 피리, 태평소)·취타악(소라, 북, 좌발, 호적) 등. 법현, 『불교
   음악영산재연구』(서울: 운주사, 1997), 17~18쪽.

악기의 연주법을 모르기에 활용하지 못한 것일 수 있으나 의식 연주 자체를 폄하하는 그릇된 관념23)이 바탕에 깔려 있기 때문인 것으로 판단한다.24)

과연, 조선시대에도 현재와 같이 목탁과 요령만으로 의식을 진행했을까?

17세기, 망자를 위한 재 의식의 설행 장면을 기술한 자료가 있어 소개하고자 한다. 당시 불교의 실상을 객관적으로 묘사한『하멜 표류기』25)에는 다음과 같은 내용이 실려 있다.

> 또 사람이 죽게 되면 그의 지위 고하를 막론하고 승려가 와서 고인을 위해 염불을 외고 고인에게 줄 공양물을 가져온다. 제삿날에는 일반 백성과 농민들이 와서 우상에게 절을 한다. 승려는 하루에 두 번 우상 앞에서 염불을 외고 공양물을 바친다. 축제일에는 많은 사람들이 절에 온다. 그러면 승려들은 모두 징을 치고 북을 치고 다른 악기를 연주하면서 염불을 왼다.26)

하멜 자신이 조선 불교와 풍습을 잘 이해하지 못하는 상황에서 자신의 눈에 비친 당시의 모습을 객관적으로 표현한 이와 같은 내

---

23) 사물을 연주하면 마치 굿판을 벌여 사람들은 현혹하는 것에 비유하는 그릇된 생각을 말한다. 그러나 불교의식은 산자와 죽은 자를 위해 공양을 베푸는 의식이다. 축제에 비유할 수 있다. 불교의식이 곧 종교의식이기에 반드시 조용하고 경건하며 차분하게 진행해야 한다는 생각은 어쩌면 의식을 설행하는 목적 자체를 이해하지 못한 것일 수 있다.

24) 이는 불교계 스스로 불교음악과 문화를 부정하는 결과로 이어질 수도 있다.

25) 네덜란드인 H. 하멜이 1653년 제주도에 표착(漂着)한 이후 14년에 걸친 억류 생활을 기록한 책.『동아세계대백과사전』(서울: 동아출판사, 1982), 29권, 336쪽.

26) 李英淑,『朝鮮後期 掛佛幀 硏究』(서울: 동국대학교 대학원 미술사학과 박사학위논문, 2003), 73쪽.

용을 통해 이미 조선시대 불교의식의 진행은 다양한 악기로 반주하여 진행하고 있음을 확인할 수 있다.

그럼 의식 반주의 목적이 아닌 신호의 목적으로 예불의 시작을 알리는 법고는 어떻게 연주했을까? 안타깝게도 법고의 연주 장단이 어떻게 전승되었는지를 보여주는 구체적인 자료는 전해지지 않는다. 다만, 법고 연주의 용도를 보여주는 문헌 자료는 쉽게 확인할 수 있다. 김수온[27]의 『사리영응기』(舍利靈應記)[28]에는 다음과 같은 글이 실려 있다.

> 안평대군이 비구들과 그 밖의 사람들과 함께 꽃·향·당번을 공양하고 법라(法螺)를 불고 법고(法鼓)를 치며 크게 범패(梵唄)를 하며 절 뒤쪽에 있는 산으로 갔다.[29]

이는 당시 불당을 건립하고 부처님을 법당으로 모셔 갈 때 법고를 연주한 흔적으로 보이는데 이는 전통 불교의식인 예불·법식과는 별개로 환희로운 축제나 크고 작은 사찰 행사에서도 법고를 연주한 것으로 추측한다. 또한 불교 재 의식에서도 법고 연주를 행했

---

27) 1410~81(성종 12). 조선 초기의 문신학자. 세종·세조 때의 편찬 및 번역 사업에 공헌했으며 승려인 맏형 신미(信眉)의 영향으로 불경번역에 힘쓰고 『복천사기』(福泉寺記)·『상원사중창기』(上元寺重創記) 등 불사(佛事)에 관련된 많은 글을 남겼다. 『브리태니커세계대백과사전』(서울: 웅진출판주식회사, 1993), 3권, 278쪽.
28) 불당을 옮기는 행사의 전말을 기본으로 하여 그 과정 중에 나타난 사리(舍利)의 신비한 감응(感應)을 기록한 일종의 행사보고서. 박범훈, 「세종대왕이 창제한 불교음악연구: 사리영응기를 중심으로」, 『한국음악사학보』(서울: 한국음악학회, 1999), 23집, 6쪽.
29) 문명구, 『한국불교음악의 전개에 관한 연구』(전북: 원광대학교 동양학대학원 석사논문, 2000), 32쪽.

던 것으로 짐작하는데 이는 『조선왕조실록』에서도 적지 않게 확인할 수 있다.

> 효령대군 보가 한강에서 7일 동안 수륙재(水陸齋)를 크게 열었다. 세 개의 단을 쌓았으며 승려 일 천 명에게 음식을 대접하고 그들 모두에게 보시하였으며, 심지어는 길가는 행인들에게까지 음식을 대접하였다. 날마다 쌀 몇 섬씩을 강물에 던져 물고기에게마저 먹을 것을 베풀었다. 나부끼는 깃발과 일산이 강을 뒤덮었으며 종소리와 북소리가 하늘을 뒤흔들었으니, 서울 안의 남자와 부녀들이 구름처럼 모였다. 양반집 부녀자들도 더러는 맛있는 음식을 장만해가지고 그들을 대접하였는데, 승려들과 속인이 한데 어울려 구분이 없었다.[30]

이와 같은 문헌 자료를 통해 법고 연주는 불교의식에서 불교 교리를 전하는 법구의 역할과 대중을 운집시키는 신호로서 사용한 듯하고 때에 따라서는 대중적인 행사에서의 흥을 돋우는 음악적 기능을 함께했던 것으로 볼 수 있다.

3) 불교계 각 종단의 법고 연주 형태

(1) 대한불교 조계종

현재 한국 불교계에서 가장 큰 영향력을 행사하는 종단은 바로 대한불교 조계종[31]이다. 대한불교 조계종은 1962년 4월 비구·비

---

30) 『세종실록』, 세종 14년 2월 14일. 李英淑, 『朝鮮後期 掛佛幀 研究』, 9쪽.
31) 1954년 5월부터 1962년 4월까지 전개된 불교정화운동으로 탄생된 비구·대처승(帶妻僧) 간의 통합종단으로 현재는 비구·비구니 승단으로 자리 잡았다.

구니 승단으로 탄생된 이후 현재까지 불교계의 발전을 주도하고 있다.

대한불교 조계종 법고 연주에 관한 기초 자료는 1980년대 이후 매년 봉행하는 전국승가대회[32])의 법고 시연 현장 자료를 중심으로 정리했다. 전국승가대회는 매년 3~4일의 일정으로 중앙승가대학과 비구·비구니 강원, 학인들이 모여 그들이 학습한 경(經)과 논(論) 그리고 법문 실기 및 염불 등의 실력을 겨루며 승가의 화합을 도모하는 대법회로 거듭나고 있다. 대회 기간 중 가장 관심을 끄는 것은 단연 각 강원 대표가 연주하는 법고 연주대회다. 이미 설명하였듯이 화려한 연주 모습과 리듬 구성은 참석한 모든 이가 절로 탄성을 자아내기에 충분한 매력을 가지고 있다.

법고 연주의 대상자를 각 강원의 학인으로 선택한 배경에는 다음과 같은 이유가 있다. 첫째, 각 사찰에서 법고를 연주하는 소임을 맡은 승려는 대부분 이제 막 출가한 사미·사미니이다. 둘째,

---

종조는 도의국사이며 보조국사를 중천조(重闡祖), 보우국사를 중흥조(重興祖) 삼았으며 종지를 "석가세존의 자각각타(自覺覺他) 각행원만(覺行圓滿)한 근본 교리를 봉체(奉體) 직지인심(直指人心) 견성성불(見性成佛) 전법도생(傳法度生)"으로 정하여 부처님 교법을 바탕으로 깨달음을 구하고 중생을 구제한다는 대승불교의 큰 흐름을 수용하면서도 선종 중심의 깨달음을 강조하고 있다. 대한불교조계종 교육원, 『조계종사: 근현대편』(서울: 조계종출판사, 2001), 223쪽.

32) 1980년대 초 본격화된 민중불교운동은 1985년 5월 14일 '민중불교운동연합'의 발족을 이뤘다. 당시 불교계는 정권의 탄압 속에서도 불교의 자주화와 군부독재타도 운동을 적극적으로 펼쳤다. 민중불교운동은 1986년 9월 7일 개최된 이른바 '불교자주화, 사회의 민주화'를 천명하면서 불교관계악법 철패와 사원의 관광유원지화 중지 그리고 성고문사건 진상규명 및 수입개방 압력 거부, 10·27 법난 해명 등을 주장하였다. 해인사 승려대회에 이르러 민중불교운동은 일대 전기를 맞이하였는데 이 승려대회를 시작으로 매년 전국승가대회를 개최해 오고 있다.

법고의 연주법의 전승 과정은 주로 선임자로부터 다음 소임자로 이어지고 있기에 강원(講院)이라는 환경 속에서 익힌 연주법은 현재 각 사찰에서 연주하는 가장 보편적인 리듬으로 구성되어 있다. 셋째, 전국승가대회에서 진행하는 법고대회는 각 강원을 대표하는 실력 있는 학인들이 실력을 겨루는 시험장이기에 현재 연주하는 법고 리듬을 정확히 확인할 수 있다.

2006년 10월 19~20일 경주 토함산 불국사에서 개최된 제18회 전국승가학인대회의 법고대회는 각 강원 학인 300여 명이 지켜보는 가운데 진행되었다. 불국사를 비롯한 5개 사찰 강원 학인들이 참여하였는데 모두 각 강원에서 법고를 직접 연주하는 소임자로 수준 높은 실력의 소유자였다. 연주 시간은 각 강원마다 5분 정도로 두 명이 한 조가 되어 연주하였다. 전 대회 우승자인 해인사 강원의 축하시연으로 불국사·쌍계사·법주사·통도사·송광사·해인사 순으로 진행되었다. 중앙승가대학은 거리상의 문제로 도착이 지연되어 참가를 못했으며 비구니 강원은 불참했다.

법고대회에 참여한 각 강원 법고 연주의 구성을 정리하면 먼저, 도입부·시연부·종결부로 나눠볼 수 있는데 모두 4박자의 일정한 패턴을 반복적으로 연주하는, 틀에 박힌 구성으로 진행하고 있다. 우승의 기준도 중간에 강·약을 틀리지 않고 빠르게 연주하는 것을 첫째로 꼽고 연주를 진행하는 동안 리듬에 맞춰 양손을 벌리거나 모으는 동작이 화려할수록 높은 가산점이 주어졌다. 법고대회의 우승은 음악적인 화려함보다는 연주하는 몸동작에 더 큰 비중을 두는 듯하다.

도입부의 기본 리듬은 다음과 같다.

[악보 1] 조계종 법고 리듬 도입부 I [33)]

채보: 혜일명조

[악보 2] 조계종 법고 리듬 도입부 II [34)]

채보: 혜일명조

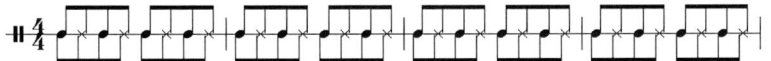

[악보 3] 조계종 법고 리듬 도입부 III [35)]

채보: 혜일명조

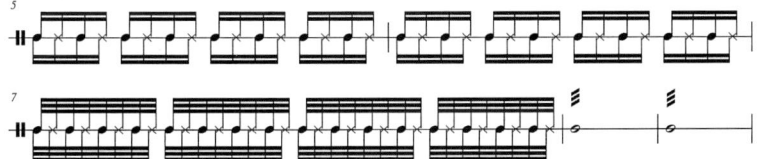

    도입부에서 보이는 북 가락의 특징은 북과 테두리(북의 각)를 번 갈아가면서 치는 '궁 궁 구궁 탁 탁 따닥' 혹은, '궁 궁 딱 딱'ㆍ'궁 딱'으로 이어지는 장단으로 볼 수 있다. 이 연주법은 각 강원 연주 자마다 예외 없이 보인다. 마치 "지금부터 북을 연주하겠노라"를

---

33) 대회에 참여한 모든 사찰의 도입부의 첫머리에 시작되는 장단으로 2~4회 정 도 반복한다. (참고로 악보 상 'X'는 북의 각, 테두리를 치며 연주한다.)

34) 악보 보여주듯 일정한 간격으로 시간 제약을 받지 않고 북과 북의 각을 치며 연주한다.

35) 트릴(trill) 형식으로 점점 빠르게 연주하며 마지막 부분에서는 피아노에서의 글리산도를 연주하듯 북의 고정 쇠(못) 부분을 북의 위와 아래로 빠르게 지나 가듯 (드르르륵) 연주한다.

외치듯 우렁차게 연주를 시작한다.

[그림 3] 도입 부분에서의 법고 연주[36]

　『釋門儀範』、『作法龜鑑』、『梵音刪補集』 등의 문언에서는 이를 '기침쇠'로 표현하고 있는데 새벽에 종성을 시작하기 전에 종 망치로 마루나 종 틀을 쳐서 올리는 것으로 잠자듯 멈추어 있는 종을 간접적으로 울려 종이 놀라 깨짐을 예방하고, 동시에 각 전(殿)을 담당한 지전(知殿)에게 종성이 시작될 때가 되었음을 알리는 신호가 전해지며, 또한 종·목어·운판·법고를 울림에 있어서 그 소리

---

36) 도입 부분은 북과 테두리(북의 각)를 '둥둥 딱딱'의 4박자 장단으로 연주를 시작하며 가끔 북의 고정쇠(못) 부분을 글리센도(glissando), 즉 미끄러지듯 긁으며 연주를 시작한다. 출처: 본인 촬영.

를 점점 크게 혹은 작게 하는 것은 법왕(法王, 부처님)의 법령(法슈, 가르침)이 중생의 근기(根機)에 따라 자재(自在)하심을 나타내는 것으로, 오전에는 작게 시작하여 크게 마치고 오후에는 크게 시작하여 작게 마치고 있는데 이는 종체기용(從體起用)과 섭용귀체(攝用歸體)를 의미한다.[37)]

본격적인 법고 연주는 시연부에서 시작한다. 이 부분이 전체 연주의 대부분을 차지한다. 많은 시간 통해 완성한 시연부는 단순한 리듬 구성으로 진행함에도 불구하고 그 연주 모습을 통해 환희심을 일으키기에 충분한 감동을 전해준다.

[그림 4] 병천 스님[38)]의 설명과 통도사 저녁예불에서의 법고[39)]

시연부의 리듬 형태는 다음과 같다.

---

37) 심상현, 『佛敎儀式各論』(서울: 한국불교출판부, 2001), 3권, 74~77쪽.
38) 통도사 율원 강사로 불교방송의 <사시불공>을 집전하기도 하였다. 예불에서 연주되는 북 장단의 전수 과정과 강원에서 전수하는 불교의식 교육내용에 대해 본인에게 설명하고 있다.
39) 2006년 8월 1일 통도사. 출처: 본인 촬영.

채보: 혜일명조

```
R L R L R L R L   R L R L R L R L   R L R L R L R L   R L R L R L R L
R L R L R L R L   R L R L R L R L   R L R L R L R L   R L R L R L R L   R L R L R L R L
```

시연부는 각 강원마다의 특징을 확인할 수 없을 만큼 동일한 리듬 형태를 구사한다. 4박자 혹은 8박자에 한 번 악센트[41]을 주어 리듬감을 살린다. 흔히 한국 전통음악 장단에서 보여주는 장단의 형식이나 불교 전통의식에서 연주하는 중중모리와 자진모리 등의 형식은 찾아볼 수 없다.

[악보 5] 중중모리장단[42]

A B C D E F G H

장구점	쌍	편	고	편	고	편	고	편
장구점의 박자	2	1	2	1	2	1	2	1
장구점의 길이	긴 음(장)	짧은 음(단)	긴 음(장)	짧은 음(단)	긴 음(장)	짧은 음(단)	긴 음(장)	짧은 음(단)

40) 일정한 형태가 없이 반복되는 장단으로 연주자의 개인적인 성향에 따라 그 연주장단에서 차이가 있을 수 있다. 다만, 2·4·8·16 등의 짝수 박자(4배수)에 악센트를 넣어 장단을 만들어가는 것은 연주자 모두의 공통된 특징이다. 속도는 ♩=100~120 정도로 개인적으로 차이가 있을 수 있다.

41) 그 음을 강조하여 세게 치라는 뜻. 조봉행, 『음악기초이론과실습』(서울: 다라, 2002), 63쪽.

42) 전인평, 「한국음악장단이론의현실과논리」, 『이화음악논집』(서울: 이화여자대학교음악연구소, 2004), 제8집, 40쪽.

종결부의 음악적 특징은 도입부의 음악적 특징과 차이가 없이 진행한다. 다만, 도입부의 마지막 부분에서 보이는 글리산도(glissando),[43] 즉 북 가죽을 북의 울림통에 고정해놓은 고정쇠를 마치 미끄러지듯이 '드르르륵' 반복적으로 연주하여 효과음을 낸다.[44]

[그림 5] 종결부의 위 아래로 쓸어내리며 연주하는 모습[45]

이상으로 대한불교 조계종의 법고 연주 형태는 크게 두 가지로 나눠볼 수 있다. 첫째는 도입부와 종결부의 형태로 북 연주의 시작과 끝을 표현하는 부분이고, 둘째는 연주 부분으로 2박·4박·8박에서 악센트를 주며 연주하는 것이다. 이와 같은 조계종의 법고 연주는 현재 한국 불교계에서 가장 보편화된 연주 기법이다.

---

43) 음악 용어. 높이가 다른 두 음 사이를 급속한 음계에 의해 미끄러지듯이 연주하는 방법. 피아노에서는 손톱으로 건반 위를 미끄러지게 하여 연주한다. 『동아세계대백과사전』(서울: 동아출판사, 1982), 5권, 554쪽.
44) 각 연주자마다 다르게 나타나는 것으로 미루어 연주자 개인의 연주 성향에 따라 달라지는 것으로 판단한다.
45) 사실 글리산도는 피아노 등 서로 다른 음역의 소리를 연주하는 것을 말하는 것이나 북에서 위의 연주 목적으로 사용되는 공식화된 명칭이 발견되지 않기에 임의로 함을 밝혀둔다. 출처: 본인 촬영.

당연히, 각 사찰과 강원 등에서 전통적으로 전승해온 독특한 장단이나 연주 기법을 살피기에는 많은 무리가 있어 근래에 들어 정착된 리듬 구성으로 판단할 수 있다. 특히, 하나의 보편적인 법고 연주만을 전승하는 조계종의 일원화된 교육 정책은 다양한 법고 연주 정착에 장애를 주는 것으로 여겨진다.

(2) 한국불교 태고종

대한불교 조계종과 더불어 한국 불교계를 이끌어가는 종단으로 한국불교 태고종[46]을 꼽을 수 있다. 과거 비구·대처승 간의 불교 분규 이후 대처승 측에 의해 새롭게 재창출된 태고종은 한국 불교 문화의 유지·발전적인 측면에서 활발한 활동을 펴고 있다.

중요무형문화재 제50호 영산재와 제48호 단청장을 보유했던 태고종은 종립대학인 동방불교대학과 대학원 과정의 동방불교대학원대학 그리고 봉원사 옥천범음대학을 통해 불교의식을 체계적으로 정립·전승하고 있다. 특히 태고종립대학인 동방불교대학은 1982년 서울 중곡동에 2년제 불교 포교사 전문대학으로 개교하여 84년 9월 제1회 졸업생을 69명 배출하였으며 현재까지 1,200여 명의 졸업생을 배출[47]하였다.

주목해야 할 것은 한국불교 태고종은 대한불교 조계종과는 달리

---

46) 종조는 태고보우국사 종지는 석가세존의 자각각타(自覺覺他)하신 각행원만의 근본정신을 봉체(奉體)하고, 태고종조의 종풍을 선양하여 전법도생 함을 종지함. 1954년 10월 이승만의 유시로 세칭 비구승·대처승의 불교분규가 발단하여 제2공화국 수립 이후 국성우 종정 측을 합법이라 인정함에 따라 비구 측은 조계사에, 대처측은 법륜사에 각각 총무원을 구성. 1970년 5월 조계종을 처음 공칭한 태고국사의 문손들인 한국불교 조계종의 승려들로 한국불교 태고종을 구성하고 창종함. 『佛敎大辭典』, 下, 2740쪽.
47) 출처: 인터넷, 검색어: 동방불교대학.

불교의식의 집전을 중생 포교의 목적으로 여겨 승려의 중요한 수행 과정으로 받아들인다. 이는 태고종이 불교의식 발전을 주도하는 종단으로 인식시키는 계기가 되었다. 1969년 설립된 신촌 봉원사 옥천범음대학은 영산재를 보존·관리하는 목적으로 영산재 보존회(총재, 보유자 구해 스님)에서 의식 집전을 교육을 하고 있다. 현재까지도 영산재 보존회 스님들로 구성된 강사진은 동방불교대학 범패학과를 비롯한 종단 내 수계산림법회 등의 공식적인 모든 의식교육을 직접 교육, 지도하고 있다.

[그림 7] 옥천범음대학에서 영산재 보유자 구해 스님의 강의 모습48)

한국불교 태고종의 법고 연주를 분석하기 위한 자료를 확보하기 위한 목적으로 봉원사를 선택한 것은 2006년 현재, 태고종은 비롯한 각 종단의 불교의식에 관한 교육적 풍토가 봉원사 영산재 보존회에서 주관하는 옥천범음대학에 집중되어 있고 삼동결재 기간 중 전국에 있는 사찰에서는 쉽게 접해볼 수 없는 선창(先唱)과 후창(後昌)으로 진행하는 향수해례49)와 공양의식 진행 중 식당작법에

---

48) 출처: 인터넷, 검색어: 봉원사.
49) 대 향수해(香水海), 즉 시방법계에 상주하고 계신 일체의 불·보살에게 예를 올리는 의식으로 봉원사에서는 결재기간 중 새벽예불에 설행한다. 심상현, 『

해당하는 심경50)의 독송 등을 통해 과거 전통적인 불교의식의 단면을 엿볼 수 있기 때문이다.

삼동결재 기간 중 거행하는 가장 중요한 의식은 음력 11월 24일 설행하는 관음예문51)이다. 그리고 관음예문을 올리기 전에 진행하는 법고 연주는 봉원사 대중스님 중 가장 연주가 뛰어난 몇몇 사미스님들에 의해 시연된다.

[그림 6] 봉원사 범종의 타종과 법고 연주 모습52)

佛敎儀式各論』, 3권, 107쪽.

50) 승가의 공양은 아침예불과 순당(巡堂) 그리고 순당에 이은 간당(看當)·설법 (說法)·송주(誦呪)·정오(正午) 그리고 오후 수행을 마친 때에 각각 베풀어 진다. 또한 심경은 공양에 동참한 대중은 물론 온 우주 법계의 중생과 더불어 성불할 기틀을 마련하는 의식으로 시자(施者)와 수자(受者)가 모두 오상(五常)을 얻어 급기야는 피안(彼岸)에 이르러 성불할 수 있게 하자는 것이다. 심상현, 『佛敎儀式各論』, 1권, 28~32쪽.

51) 봉원사는 매년 삼동결재 기간 중 음력 24일 관음재일을 맞아 관음예문을 진행한다. 관음예문은 매년 실시되는 대표적 참회의식으로, 봉원사 모든 신도들이 동참해 십악참회를 염송하며 연비를 하게 된다. 관음예문이 언제부터 시작된 것인지는 정확히 알 수 없다. 다만 1748년(영조 24) 간행된 『범음산보집』에 따르면 조선 중기에 성행하였다고 한다. 관세음보살을 초청하여 덕을 찬양하고, 보살핌을 발원하는 관음신앙의식이다. 관음예문 연비는 대표적인 참회의식으로 과거 업생부터 현실에 지은 모든 업장을 참회하고 새롭게 나겠다는 다짐을 하는 의식이다. 출처: 인터넷, 검색어: 봉원사.

52) 2006년 음력 11월 24일 봉원사. 출처: 본인 촬영.

봉원사에서 연주하는 법고 리듬은 앞에서 설명된 '기침쇠'가 잘 표현되어 마치 먼 곳에서 소리가 시작되는 듯 아주 작은 소리로부터 서서히 북의 울림을 크게 하는 특징을 보인다. 또한 북의 테두리와 북의 고정쇠를 연주하는 글리산도(glissando) 형태는 찾아볼 수 없다.53) 이는 조계종 법고 리듬의 도입 부분과는 다른 형태로 연주되는 것으로 두 종단의 전승 과정에 차이가 있음을 알 수 있고 '영산재 보존도량'이라는 특성상 과거에서부터 전해진 연주 형태였을 것이라 짐작한다.

그러나 중간 연주부에 해당하는 시연부의 연주 형태는 처음 시작부터 마무리까지 일정한 리듬으로 구성되어 있다. 바로 조계종에서의 법고 연주 중 중간 시연부가 동일한 형태로 진행하는데 이와 같은 연주 형태 정착에 관한 질문에 연주자조차 명쾌하게 답변을 하지 못했다.

[악보 6] 태고종 법고 리듬 도입부54)

채보: 혜일명조

53) 과거 박송암 스님(영산재 지정 보유자)은 후학 교육을 통해 "예불 전에 울리는 북은 북 가죽 외에 모서리를 연주하여 '따딱'거리는 소리가 나지 않도록 주의해야 한다"고 강조하셨다. 2006. 12월. 영산재 작법 이수자 미산 스님 증언.
54) '기침쇠'를 표현하듯 서서히 소리를 올려가며 시작하는 것이 특징이고 이렇게 시작하는 것은 봉원사만의 특징이기도 하다. 그 외 다른 태고종 사찰에서 조계종식의 연주법을 구사하기도 함을 밝힌다.

[악보 7] 태고종 법고 시연부55)

채보: 혜일명조

[악보 8] 태고종 법고 종결부56)

채보: 혜일명조

봉원사에서 삼동결재 기간 중 법고 연주에 참여한 사미승들은 모두 1~2년 정도의 연주 경험을 갖고 있었다. 연령층도 평균 40대 중반으로 법고 연주를 시연하기에는 다소 무리가 있었다. 그리고 법고 연주만을 위한 특별한 교육을 받은 적이 없었고 그저 주위(대중매체: 불교방송 등)에서 북을 연주하는 것을 보고 막연히 익혀온 것으로 드러났다.

불교TV와 불교방송(라디오) 등의 대중매체에서 소개하는 법고 리듬은 대부분 조계종 승려의 연주를 그대로 방송하고 있다. 더군

---

55) 현재 이러한 4박자 형태의 리듬은 가장 보편화된 법고 연주법으로 태고종에서도 특별한 교육을 받지 않았다고 하더라도 일반 사미 승려들이 쉽게 할 수 있는 연주장단이다. 그리고 이러한 장단 구성은 연주자 개인적 성향이 강해 연주자에 따라 그 음악적 장단이 다르게 들릴 수 있으나 짝수박자에 악센트를 주어 리듬을 이끌어감에는 변함이 없다.

56) 마무리에 해당하는 종결부에서는 트릴(trill) 형태로 소리를 점점 작게 하여 연주하며 마치 목탁소리를 연상시키듯이 마무리한다.

다나 출가 전 대중음악을 접해온 사미·사미니의 경우 현재 법고 리듬과 동일한 구성으로 만들어진 4박자 음악을 익혀온 터라 본인에게 익숙한 리듬을 바탕으로 법고를 연주한 것으로 여겨진다.

이와 같은 추측은 동방불교대학과 옥천범음대학에서 범패를 지도하는 교수사 현성 스님의 증언에서도 확인할 수 있다. "1970년대 초 출가 당시만 해도 법고 연주는 음악 구성과는 상관없이 예불의 목적만을 중시했었다. 음악이 잘된 것인지 잘못된 것인지 누구도 지적한 적이 없다. 그러나 몇몇 어장 스님들은 마치 정근57) 북을 치듯 홍고를 쳤다58)"며 회상했다. 이어 "아무리 시대가 바뀌었어도 대중음악과 같이 홍고를 연주할 수 없다"고 못 박았다.

현성 스님의 설명 중 옛 스님들 중 일부가 "정근, 장엄염불을 염송하듯 법고를 연주했었다."라는 증언 내용을 주시할 필요가 있다. 장엄염불의 염송은 전통 장단인 자진모리로 구성되어 있다. 이는 옛 스님들이 법고 연주를 자진모리 형태로 진행했음을 의미한다.

---

57) "나무아미타불" 혹은 "관세음보살" 등, 불·보살의 명호를 염송하며 진행하는 염불의 형태로 음악적으로 자진모리장단으로 연주한다.
58) 대부분의 범패승은 법고 연주를 "홍고를 쏜다"라고 표현한다.

[그림 7] 현성 스님[59]이 봉원사 법고 리듬에 대해 설명하는 모습[60]

현행 태고종 법고 리듬은 조계종과 동일한 4박자 형태로 진행하며 짝수 박자에 악센트를 주는 것으로 확인하였다. 처음 도입부 중 새벽예불의 경우 서서히 소리를 크게 하면서 시작하고 저녁예불에서는 크게 시작된 소리를 작게 하여 하루를 마무리하는 듯이 시작한다. 북의 모서리를 연주하지 않는 것도 태고종 법고 연주의 특징으로 볼 수 있다.

(3) 대한불교 관음종

대한불교 관음종[61]은 조계종과 태고종의 비구·대처승으로 분

---

59) 봉원사에서 선암 스님을 은사로 모시고 16세에 출가하여 범음·범패승으로 중요무형문화재 영산재 범패 부분 전수조교평가대상자로 수행 정진 중이다. 현재 중앙승가대학교, 동방불교대학과 옥천범음대 교수를 역임하며 후학 양성에 힘쓰고 있다.

60) 과거 봉원사의 법고 리듬은 북을 울리는 것에 초점이 맞춰져 연주되어 왔으나 근래에 와서 대중매체에 의한 영향 등으로 음악적 장단의 변화가 전국적으로 동일하게 이뤄지고 있음을 설명하고 있다. 2007년 4월 29일 자비정사. 출처 : 본인촬영.

61) 종조는 대각국사(大覺國師) 의천(義天), '불지지견(佛之知見) 개시오입(開示悟入)—부처님의 지견을 열어서 보고 깨달아 들어가는 것—'으로 법화사상을 정혜겸수로서 체득하여 보살의 제세 원력을 구현함을 종지로 한다. 1957년

리되는 불교분규 중에 법화사상의 구현을 목적으로 새롭게 창출된 종단으로, 서울 묘각사·원정사·성보사 등의 사찰과 지방의 중소 개인사찰을 포함하고 있어 종단 협의회에서도 그 역할을 다하는 종단으로 꼽힌다. 대체로 규모가 작은 종단에서는 대규모의 공식적인 집회를 봉행하지 않고 있으나 관음종은 종단 내 범패승을 양성하여 정기적으로 봉축법회·호국영령 영산대법회·평화통일기원 점등법회 등을 봉행하고 있으며 해외에서도 무주고혼을 위한 위령재를 매년 봉행하고 있다. 서울 묘각사에서는 서울불교문화대학62)을 개설해 종단 승려와 불자에게 체계적인 교육을 시행하고 불교의식도 전통범음과 범패의식으로 구분하여 교육하고 있다.

관음종에 소속된 스님 중에는 과거 전통 불교의식에 몸담았던 많은 범패승이 있는데 그중 생존해 있는 스님으로 인봉 윤재 스님63)을 꼽을 수 있다. 또한 스님의 제자인 혜담 스님64)은 현재 관

태허 홍선 대법사가 행자의 모임인 '일승불교현정회'를 창립하고 모든 법화 신행단체를 규합. 1965년 12월 '대한불교불임종 포교원'으로 문화부에 종단을 등록하여 현재에 이르고 있다. 『佛教大辭典』, 下, 2732쪽.

62) 관음종 총무원장인 이홍파 스님이 학장으로 있으며 승가학과와 불교학과로 구분하여 2007년 재 개강한 종단 교양대학이다. 불교기초교리를 포함한 경전 강의, 의식연구를 일반 승려와 불자를 상대로 가르치고 있다. 출처: 인터넷, 검색어: 대한불교 관음종 낙산 묘각사.

63) 현재 법랍 76세(세수 86세)로 대한불교 관음종의 원로스님을 대표하는 원로 원장이다. 10세에 금강산 건봉사에서 출가하여 건봉사 강원과 염불원에서 선(禪)과 염불(念佛)을 두루 습득하고 현재까지도 범음·범패를 전수하고 있다. 근대를 대표하는 범패승인 송암·벽응·동하·지광 스님 등과 같은 연배(年輩)로서 한국 불교의식의 산 증인이다.

64) 1981년 세검정 법륜사에서 출가하여 현재 대한불교 관음종 경기종무원장과 중앙종회위원을 역임하고 있다. 출가 전 대중음악 연주에 몸담았던 스님은 부친인 인봉 스님과 법사 스님인 지광 스님의 영향으로 30여 년 동안 한국불교의식을 직접 익히고 경험해 왔다.

음종에 소속된 많은 어산 스님과 왕성한 활동을 하고 있다.

[그림 8] 서울불교문화대학 입학식과 미국 샌디에이고 위령재[65]

인봉 스님은 과거 한국불교를 대표하는 각 분야의 어장 스님들과 같이 수행·정진해 왔던, 근대, 한국 불교의식을 증언해줄 수 있는 불교계의 큰 어른이다. 어쩌면 문화재라는 공식화된 어산 스님들과는 차별화된, 현실적인 의식을 지금도 생생하게 기억하여 증언하고 있다. 제자인 혜담 스님이 설명하고 있는 법고 연주에 관한 설명이다.

"물론, 지금은 4박자 형태로 북을 치고 있지만 내가 출가해서 의식공부를 시작할 때(30여 년 전)만 해도 많은 노스님들이 3박자 형태의 북을 쳤어요. 사실은 3박자로 북을 치기가 맘처럼 그리 쉽지 않아 대부분 손에 익히기 쉬운 4박로 연주합니다. 저도 예외는 아니지요."[66]라고 증언하며 "내가 출가 전 음악을 연주했던 인연으로 처음 그 3박자로 북을 연주하는 어장 스님들을 보며 감탄했던 기억이 지금도 생생하다."라며 출가했던 1980년대 초, 당시의 법고

---

65) 출처: 인터넷, 검색어: 불교신문 2319호/ 4월 18일자.
66) 2007년 5월 6일 장흥 우덕사에서 혜담 스님 증언.

연주 형태를 설명하였다.

이미, 앞에서 증언한 태고종 현성 스님과 같은 의견을 제시한 관음종 혜담 스님은 과거에 활동한 일부 범패승이 현재의 법고 리듬과는 다른 형태로 법고를 연주했다고 증언한다.

[그림 9] 혜담 스님의 북 장단 시연과 인터뷰 모습 67)

이 증언으로 미뤄 짐작하면 과거 약 30년 전 이전에 북 가락은 지금의 일반적이고 보편적인 가락과는 차이가 있었을 것으로 추정되고 꼭 3분박, 3박자 형태는 아니었어도 지금의 4박자를 고집하지만은 않았던 것으로 짐작한다.

[악보 9] 현성 · 혜담 스님의 증언을 바탕으로 구성한 3분박 장단

채보: 혜일명조

---

67) 법고 리듬을 시연하는 혜담 스님과 이는 증명하고 있는 인봉 스님. 출처: 본인 촬영.

지금까지 살펴본 태고종과 크고 작은 타 종단에서 연주하는 법고 장단의 특징은 도입부와 종결부에서의 차이점을 제외하면 중간 연주 부분이 4박자의 일정한 틀로 연주하며 연주자의 연주 성향에 따라 강‧약의 리듬 변화가 있을 뿐 2‧4‧8‧16박자에 악센트를 주는 연주 형태에는 변함이 없는 것으로 보인다.

② 3분박 리듬

앞 장에서 한국 불교계의 각 종단과 사찰에서 같은 박자와 구성을 가지고 연주되어지는, 2분박, 4박자 형태를 기본으로 한 현행 법고 리듬에 대하여 알아보았다. 서양음악의 기본 형태로 보고 있는 2분박 리듬과 한국 전통음악의 기본 형태로 보고 있는 3분박 리듬은 구성과 연주법에서 많은 차이가 있다. 본 장에서는 3분박 리듬에 대한 이해를 돕기 위해 음악적 구성을 이론적으로 설명하고 현행 불교의식에서 전수되고 있는 3분박 형태의 음악들을 알아본 후 한국 전통음악에서 전해지고 있는 3분박 장단과의 공통점을 설명하도록 하겠다.

1) 3분박 리듬의 정의

3분박 음악을 쉽게 이해하기 위해서는 먼저, 전통음악에서 보이는 음악적 특징인 장단(長短)의 개념을 올바르게 인지해야 한다. 먼저 대표적인 한국 음악학자가 설명하는 장단의 정의를 살펴보면 다음과 같이 정리할 수 있다.

한만영, 장사훈 등은 "장단은 음의 길고 짧음뿐만 아니라 음의 높고 낮음, 강약, 음질 등으로 이루어진 것으로 일정한 길이의 리듬"[68]이라고 한다.

노동은은 "장단은 사람의 호흡구간을 소리로써 수화(數化)시킨 것이다. 즉, 하나의 소리가 시작하여 끝나는 구간을 사람의 한 호흡에 맞춘 것이 한 배 장단이다. 한 배 장단은 일정한 빠르기로 호흡하며 전체 템포를 이룬다"[69]라고 정리하고 있다.

전인평은 "한국음악 장단의 논리의 기초는 '길고 짧음', 즉 장단(長短)이다. 우리나라 장단은 내용과 이름이 잘 조화된 음악 용어이다. 그래서 우리나라 장단 이론은 '길고 짧은' 음의 조화라는 측면에서 접근하여야 한다"고 설명하고, 이처럼 개인에 따라 장단에 대한 견해가 다양한 것은 "우리 국악은 예부터 악보로 전해온 것이 아니고 구전심수(口傳心授)로 전해온 것이고, 또한 즉흥성이 가미되면서 채보자가 각각 다르게 채보하였기 때문이다"[70]라는 견해를 밝히고 있다. 그리고 장단에 대한 비율을 구체적으로 설명하고 있는데 "길고 짧은 가장 최소의 비율은 2 : 1이다. 이것이 확대되면 3 : 2이고, 3 : 2가 배장되면 6 : 4가 된다. 이 2 : 1, 3 : 2, 6 : 4가 영산회상장단과 산조장단 논리의 기초가 된다"[71]는 장단의 음악적 구조에 대해 설명하고 있다. 앞의 설명을 바탕으로 정리한 3분박의 개념은 '한 박을 셋으로 나누는 것'으로 다음과 같은 유형

---

68) 장사훈·한만영, 『국악개론』(서울: 한국국악학회, 1975), 27쪽.
69) 노동은, 『음악기학 Ⅰ』(서울: 민족음악연구회, 1994), 71쪽.
70) 전인평, 『한국음악장단의 역사와 논리』(서울: 중앙대학교 출판부, 2004), 520쪽.
71) 전인평, 『한국음악장단의 역사와 논리』, 547쪽.

적인 모습으로 설명할 수 있다.

[표 2] 3분박의 기본적인 구성 형태[72]

위의 표를 바탕으로 하여 국악에서 전해지는 장단을 '길고 짧은' 음으로 구성해 옮겨보았다.[73]

(1) 정악장단

① 20박 장단(상영산)

雙				鞭			鼓			鞭	搖			

장구점	쌍	편	고	편+요
장구점의 박자	6	4	4	6
장구점의 길이	긴 음(장)	짧은 음(단)	짧은 음(단)	긴 음(장)

② 10박 장단(세영산)

雙		(響)	搖			鼓			鞭	搖	

장구점	쌍	편	고	편+요
장구점의 박자	3	2	2	3
장구점의 길이	긴 음(장)	짧은 음(단)	짧은 음(단)	긴 음(장)

---

72) 비례적인 구성자체가 '길고 짧은' 형태(2:1, 3:2, 6:4)가 특징이며 이러한 구성 은 국악의 모든 음악에서 공통적으로 나타난다.

73) 전인평, 『한국음악장단의 역사와 논리』, 549~551쪽.

③ 6박 장단(도드리)

雙			鞭	鼓	搖	

장구점	쌍	편	고	편
장구점의 길이	2	1	1	2
장구점의 길이	긴 음(장)	짧은 음(단)	짧은 음(단)	긴 음(장)

④ 타령장단(휘모리장단과 구조가 같다)

雙		鞭		鼓	鞭		

장구점	쌍	편	고	편
장구점의 박자	3	3	2	4
장구점의 길이	긴 음(장)	긴 음(장)	짧은 음(단)	늘어난 음(중)

(2) 산조장단

① 진양조

장구점	쌍	편	고	편
장구점의 박자	4	2	4	2
장구점의 길이	긴 음(장)	짧은 음(단)	긴 음(장)	짧은 음(단)

장구점	고	편	고	편
장구점의 박사	4	2	4	2
장구점의 길이	긴 음(장)	짧은 음(단)	긴 음(장)	짧은 음(단)

② 중모리

장구점	쌍	편	고	편	고	편	고	편
장구점의 박자	2	1	1	2	2	1	1	2
장구점의 길이	긴 음 (장)	짧은 음 (단)	짧은 음 (단)	긴 음 (장)	긴 음 (장)	짧은 음 (단)	짧은 음 (단)	긴 음 (장)

③ 중중모리

장구점	쌍	편	고	편	고	편	고	편
장구점의 박자	2	1	2	1	2	1	2	1
장구점의 길이	긴 음 (장)	짧은 음 (단)	긴 음 (장)	짧은 음 (단)	긴 음 (장)	짧은 음 (단)	긴 음 (장)	짧은 음 (단)

④ 자진모리

장구점	쌍	편	고	편	고	편	고	편
장구점의 박자	2	1	1	2	2	1	1	2
장구점의 길이	긴 음 (장)	짧은 음 (단)	짧은 음 (단)	긴 음 (장)	긴 음 (장)	짧은 음 (단)	짧은 음 (단)	긴 음 (장)

⑤ 굿거리

장구점	쌍	편	고	편	고	편	고	편
장구점의 박자	2	1	1	2	2	1	1	2
장구점의 길이	긴 음 (장)	짧은 음 (단)	짧은 음 (단)	긴 음 (장)	긴 음 (장)	짧은 음 (단)	짧은 음 (단)	긴 음 (장)

⑥ 엇모리

장구점	쌍	편	고	고	편	고
장구점의 박자	2	1	2	2	1	2
장구점의 길이	긴 음 (장)	짧은 음 (단)	긴 음 (장)	긴 음 (장)	짧은 음 (단)	긴 음 (장)

⑦ 휘모리

장구점	쌍	편	고	편
장구점의 박자	3	3	2	4
장구점의 길이	긴 음(장)	긴 음(장)	짧은 음(단)	늘어난 음(중)

이상의 표에서 볼 수 있듯 우리나라의 전통음악에서 보이는 모든 장단은 2 : 1, 3 : 2, 6 : 4 등으로 연결되는 3분박 음악임을 알 수 있다.

전통음악인 국악과 서양음악이 지닌 리듬적 요소를 원천적인 요소로서 비교하며 다음과 같이 정리할 수 있다.[74]

ㄱ 국악은 음계(音階) 조직(組織)으로서 5음계에 바탕을 두고 있으되 서양음악은 7음계에 바탕을 두고 있다.

ㄴ 한국음악은 대부분이 동양의 역학(易學)에 근원을 둔 음양오행설(陰陽五行說)에 사물(事物)과 관련되었으나 서양음악은 보다 다양한 시대적 변천과 사상을 바탕으로 하고 있다.

---

74) 강원경, 『국악과 서양음악의 리듬적 요소에 대한 비교연구』(부산: 동아대학교 교육대학원 석사학위논문, 1979), 68~69쪽.

ⓒ 한국 민요는 리듬적 기본요소인 박자계열이 3박자가 대부분이며 이는 도약의 리듬으로서 동적인 정감을 나타낸다. 서양음악에 있어서의 박자계열은 단순박자(單純拍子)로서 분자(分子)에 2·3·5·7 등의 소수(素數)를 갖는 수종(數種)과 오늘날 Commom으로 불리며 사용 4/4박자 및 동계열의 배수(倍數)적 박자가 존재한다.

ⓔ 역부점음부(逆附點音符) 내지는 단장(短長)의 빈용(頻用)이라고 부를 수 있는 리듬적 특색으로서 ♪♪. / ♪♩ 등이 많이 사용되고 있으며 서양음악에서는 드물며 동일 음절(音節) 내에서의 이러한 변화는 극히 찾아보기 힘드나 Appoggiatura를 사용하여 나타내는 방법은 있다.

ⓜ 한국 언어의 특성에서 기인(起因)한 가장 기본적인 리듬의 특색으로서 강박(强拍)으로 악곡이 시작하여 종지(終止)는 약박(弱拍)으로 하나 서양음악은 대부분이 약박으로 시작하여 종지는 강박으로 하고 있다.

ⓗ 동일 박(拍) 내에서 부점음부의 위치가 바뀌어서 악센트 상(上)에 변화를 유발(誘發)함으로써 리듬적인 변화를 국악이 갖는 반면에 서양음악에서는 6/8박자에 둘잇단음표가 사용되고 2/4박자에 셋잇단음표가 사용되어 특색 있는 리듬감을 발생하나 한 음부(音符)가 다른 음부의 2/3가 된다거나 3/2이 되는 것이 아니다.

ⓢ 동일 악곡(樂曲) 내에서 박자표가 여러 가지로 변화하되 종지부에서 다시 처음의 박자로 되돌아오고 있다. 따라서 리듬적인 다양성뿐만 아니라 선율적인 다양성도 표출하고 있는 점은 음악에 다 같이 존재하고 있는 요소(要素)이다.

◎ 3박자계열에서 음부군(音符群)의 수가 4배(倍)로 늘어날 경우에 한 장단이 12박이 되며 서양음악적 박자이론 상 약박(弱拍)이 되어야 할 아홉째 박(拍) 국악에서는 강박(强拍)화하고 있다.

㊅ 5박자계열은 보편적으로 2+3으로 7박자는 3+4로 취급되는 서양음악에서 발견 가능한 박자계열은 국악에서는 거의 찾기 힘든 요소이다.

㊈ 서양음악에서는 셋잇단음표로서의 기보(記譜)를 피하고자 3/8박자가 9/16로 표기되는 예가 있으나 국악에서는 그런 예가 없다.

이상의 비교를 살펴보면 한국 전통음악과 서양음악은 그 구성 자체(2분박과 3분박, 강박(强拍)과 약박(弱拍))가 근본적으로 차이가 있음을 알 수 있고 더군다나 박자와 리듬의 차이는 민족의 언어와 사상에서부터 시작되었음[75]을 알 수 있다. 다음 표는 국악의 장단과 서양음악의 리듬구조를 나타낸 것으로 국악의 가장 큰 특징을 '3박자'라고 인식하여 설명하고 있다.

---

75) 서양음악과 국악의 기본적 차이는 '말(言語)'의 차이에서 오는 것이다. 신인선, 『한국음악과 서양음악에 나타난 리듬 비교 연구』(서울: 경희대학교 대학원 석사학위논문, 1985), 38쪽.

[표 3] 장단과 리듬의 비교

한국 전통음악의 장단	서양음악의 리듬
3박자 계통의 장단 (1박자를 3등분) ♩=♫	2박자 계통의 리듬 (1박자를 2등분) ♩=♪
강한 박(합장단)으로 시작 여린 박으로 끝남	여린 박으로 시작 강한 박으로 끝남
장단가락이 음악의 흐름에 따라 풀어지고 조여지는 변화를 나타내면서 반복 연주	리듬이 비교적 단순한 규칙성을 띠면서 반복
박자, 빠르기, 강약, 형태 같은 여러 가지 복합적인 의미를 가짐	소리의 크기가 형태의 중심이 됨 4박의 경우: 강 약 중강 약 3박의 경우: 강 약 약

전인평76)은 "한국음악 장단 연구를 해보니, 한국음악의 장단은 길고 짧은(長短) 음의 구성이다. 즉, 한국 사람들이 즐겨 사용해 온 리듬은 2 : 1 ⇒ 3 : 2 ⇒ 5 : 3 ⇒ 8 : 5처럼 길고 짧은 리듬이었다. 오늘날에도 비교적 오래된 음악일수록 이런 리듬이 많이 나온다. 가곡ㆍ영산회상ㆍ농악 그리고 굿 음악 등에 남아 있는데, 젊은 음악인은 이 리듬을 어려워한다. 다시 말하면 옛날에는 2 : 1ㆍ3 : 2ㆍ5 : 3ㆍ8 : 5 등 여러 가지 길고 짧은 리듬을 다양하게 사용하였는데, 오늘날에는 단순한 2 : 1을 많이 사용하게 된 것이다. 『세종실록』 악보에 한 정간에 세음을 적은 것이 보이는데, 이를 보면 15세기 세종 당시에도 한 박을 셋으로 나누는 전통이 있었음을 알 수 있다. 그리고 한국음악의 특징으로 '3박자 음악이 많다'라는 말은

---

76) 서울대 음대와 대학원을 마치고 인도 간다르바 마하 비디알라야에서 인도음악을 수학하고 한국정신문화연구원에서 박사학위를 받았다. 대한민국 작곡상과 KBS국악대상(작곡상) 등을 수상하였고 중앙대학교 국악대학 학장을 역임하였다. 유네스코 세계무형문화유산 심사위원으로 활동하고 있으며 한국음악 발전에 공헌하고 있다.

'한 박을 셋으로 나누는 것이 많다'라고 수정하는 것이 더 정확한 표현이라고 생각한다. 아리랑이 3박자라고 하지만 이것은 12/4박 자인 중모리장단으로 3박이 넷 모여 한 장단을 이루기 때문이다. 결론으로 요약해보면 예전에 흔히 쓰던 여러 가지 길고 짧은 리듬 중에서 가장 단순한 2 : 1만 많이 사용하게 되어 오늘날 '한국음악 의 특징은 3박자 음악이 많다'라고 말하는 원인이 되었을 것"[77])으 로 설명하고 있다.

불교음악으로 대변되는 범패(梵唄), 이 범패가 한국 전통음악의 일부분으로 포함되는 이유 중 하나가 바로 연주의 구성 장단이 3 분박에 바탕을 두고 있기 때문이다. 불교의식에는 이와 같은 3분박 의 틀로 진행하는 반주음악이 많이 존재하는데, 다음에 소개할 불 교의식의 꽃으로 표현되는 '천수바라'는 3분박 리듬으로 구성된 전형적인 한국 음악으로 설명할 수 있다.

2) 천수바라에 관한 이해

(1) 천수바라의 정의

중국에서 불교와 함께 전래된 불교음악은 오랫동안 시대를 달리 하면서 새로운 한국적 불교음악문화로 수용되고, 이렇게 수용된 불교음악은 불교음악으로서뿐 아니라 한민족의 새로운 음악문화 형성에도 크게 기여해 왔다. 그리고 불교음악은 불교가 전래된 지 역에 따라 그 상황에 알맞은 음악으로 변천해 나가는 특징을 가지 고 있다. 다시 말해 불교가 전래된 국가마다 독특하고 다양한 불교 음악문화를 창출해냈다는 것이다.[78) '천수바라'무(舞)는 근본불교

---

77) 전인평, 『한국음악장단의 역사와 논리』(서울: 중앙대학교 출판부, 2004), 548쪽.

원형에 가장 근접한 산스크리트[79] 진언에 음률(音律)을 넣어 소사물의 반주에 의해 무용을 진행하는 것으로 전국 각 지역에서 대중적으로 잘 알려진 불교의식으로 꼽힌다. 크고 작은 불교의식에서 빠지지 않고 시연되는 천수바라 의식이 각 지역에서 어떤 모습과 형태로 전승하고 있는지를 살펴봄으로써 한국 불교음악과 전통음악에서 보이는 공통된 음악적 구성[80]을 알아보고자 한다.

불교무용은 불교음악과 더불어 불교의식 진행시 작법승에 의해 진행하며, 불교무용을 흔히 작법무(作法舞)[81] 또는 승무(僧舞)라고 한다. 불교무용은 크게 바라무와 나비무[82], 법고무[83] 그리고 타주

---

78) 김학자, 『한국불교음악의 역사적 전개에 관한 연구』(전북: 원광대학교 교육대학원 석사학위논문, 2000), 1쪽.

79) 고대 인도의 표준·고급·문장어. 중국 및 한국에서는 범어(梵語) 또는 천축어(天竺語)라고도 한다. 원래 '정화(淨化)·세련·완성'을 뜻하는 동사 samskr~의 과거수동분사 산스크리타(samskr~ta)에서 만들어진 말이며 '정화되고 세련된' 또는 '완성된' 언어(bhāṢyā)를 의미한다. 또, 같은 samskr~에서 파생한 명사형 산스카라(samskāra)는 고대 인도인이 그 인생의 중요한 단계에서 치러야 할 통과의례를 의미하는데, 거기에는 종교적인 의미가 들어 있다. 속(俗)에 대한 성(聖), 자연에 대한 인공이라는 의미가 강하고, 이런 것들이 산스크리트의 특징이다. 스가누마 아키라(이지수 옮김), 『산스끄리뜨의 기초와 실천』(서울: 민족사,1990), 15쪽.

80) 한국전통음악은 각 지역마다 지역적·문화적 환경에 의해 변형되는 특징이 있다. 당연히 불교음악도 지나온 많은 시간 동안 변화하여 각 지역마다 음악적 리듬과 춤사위, 그리고 반주 형태에서 많은 차이를 보이고 있다. 이러한 각 지역마다의 특징이 보이지 않는다면 그것은 근래에 새로 정착된 음악이라 여길 수 있다.

81) 근래에 들어 작법의 명칭을 나비무를 가리키는 것으로 여기지만, 필자는 불·보살을 찬탄, 공양하는 모든 행위를 작법이라 규정하고 무용 또한 이와 같은 목적으로 설행하고 있어 작법무라 표현한다.

82) 나비춤은 나비 모양의 장삼을 입고 춘 데서 붙여진 이름이나 본래 이름은 착복무(着服舞)이다. 반주음악으로는 범패 중에서 홑소리나 태징을 사용하고 경우에 따라서 반주 없이 추기도 한다. 매우 완만하고 느린 동작으로 조심스럽게 추는 춤이다. 나비춤의 종류는 용도에 따라서 향화게작법(香花偈作法)

무84)로 나눌 수 있는데 이 중 바라무는 일반 재 의식에서 영산재에 이르기까지 크고 작은 모든 의식에서 행해지는 불교의식의 대표적인 작법이다.

[그림 10] 나비무(좌)와 바라무(우)85)

、운심게작법(運心偈作法) · 삼귀의작법(三歸依作法) · 모란찬작법(牧丹讚作法) · 도량게작법(道場偈作法) · 다게작법(茶偈作法) · 사방요신작법(四方搖身作法) · 정례작법(頂禮作法) · 지옥고작법(地獄苦作法) · 자귀의불작법(自歸依佛作法) · 만다라작법(曼茶羅作法) · 기경작법(起經作法) · 구원겁중작법(久遠劫中作法) · 오공양작법(五供養作法)이 있다. 『동아원색세계대백과사전』(서울: 동아출판사, 1982), 6권, 512쪽.

83) 작법(作法)의 하나로 법고를 두드리며 추는 범무(梵舞)이다. 법고무는 일정한 장단과 리듬이 없이 범패(梵唄)를 반주음악으로 해서 추며, 장삼을 걸치고 양손에 북채를 든다. 시선은 북을 쏘아보며 삼현육각과 태징, 호적에 맞추어 느린 동작에서 점차 빠른 동작으로 춤을 추며 북소리와 태징 등 사물소리를 통하여 허공중생, 축생 등 고통 받는 모든 중생을 제도하기 위한 무용이다. 법현, 『불교무용』(서울: 운주사, 2002), 77쪽.

84) 영산재 가운데 식당작법에서만 행해지는 춤이다. 불법승 삼보와 시주자 수주자, 시주물 등을 다시 생각하며 공양을 찬탄하는 의미를 갖는다. 법복을 입은 두 스님이 타주채를 하나씩 든 채로 1m 높이의 팔정도 틀을 뒤로 한 채 앉아 있다가 경쇠소리와 어장 스님의 태징과 염불소리에 일어나 서로 마주보고 춤을 추며 공양의식을 통하여 공양의 진정한 의미와 수행자로서 올바른 수행을 하는지 다시금 돌아보게 하는 작법이다. 법현, 『불교무용』, 78쪽.

85) 대구 진불사 영산재에서의 나비무과 바라춤. 출처: 2006년 본인 촬영.

이 무용은 '바라'라는 청동으로 된 악기를 들고 춤춘다고 하여 '바라춤' 혹은 '바라무'라 하며 불법을 수호하는 의미를 지닌 춤으로, 도량(道場)을 정화하여 성스러운 장소가 되게 하는 주술적인 의미도 가지고 있다. 따라서 의식절차상 특히, 도량정화와 깊은 관계를 가지고 추어진다.

[그림 11] 법고무(좌)와 타주무(우)[86]

바라무의 종류로는 천수바라·명바라·사다라니바라·관욕게바라·막바라·내림게바라 등이 있다. 복식은 평소 스님들이 입는 잿빛 장삼에 붉은 가사를 입어 나비무 의상보다는 간결하다. 범패에 맞추어 추는데, 태징과 북, 호적(태평소)으로 반주하고 삼현육각의 연주를 동반하는 경우도 있다. 이 춤에서 가장 중요한 것은 다라니(陀羅尼)를 범음성(梵音聲)으로 한다는 것이다.

이 중 '천수바라무'는 재 의식을 진행할 때 바라를 들고 천수다라니[87]를 염송하며 춤을 춘다하여 '천수바라'라고 하는데 항상, 복

---

86) 만봉 대종사 사십구재에서 시연된 법고무과 식당작법에서의 타주무. 출처: 2006년 본인 촬영.
87) 불교경전의 하나로 관세음보살이 부처에게 청하여 허락을 받고 설법한 경전이다. 본래 명칭은 『천수천안관자재보살광대원만무애대비심대다라니경』(千

청게(伏請偈)[88]의 게송인 「복청대중 동음창화 신묘장구대다라니」 (伏請大衆 同音唱和 神妙章句 大陀羅尼), 즉 "삼가 대중께 청하옵 나니 신비하고 묘한 능지(能持)·능차(能遮) 대다라니를 동음으로 창화해주소서"라는 뜻[89]을 담고 있는 게송 후 바라무를 진행한다.

[그림 12] 복청게 독송과 바라무의 반주[90]

천수바라에서 범음성(梵音聲)으로 소리하는 천수다라니(신묘장 구대다라니·대비주)는 세 번 반복하여 모시는데 이것은 『작법귀 감』[91]에 소개된 내용에서 확인할 수 있다.

手千眼觀自在 菩薩廣大圓滿無崖大悲心大陀羅尼經)으로, '한량없는 손과 눈을 가지신 관세음보살이 넓고 크고 걸림 없는 대자비심을 간직한 큰 다라니에 관해 설법한 말씀'이라는 뜻이다. '천수다라니'라고도 한다. 『佛敎大辭典』, 下, 2510쪽.

88) 불교의식에서 '천수바라무'를 시작하기에 앞서 사미승이 어산(魚山團) 중앙에 서서 상단을 바라보고 홑소리로 진행한다. 복청게가 끝날 때 즈음, 대중스님 들은 태징과 북, 태평소(호적) 그리고 대비주를 염송하는 소리에 맞추어 천수 바라무를 시작한다. 심상현, 『佛敎儀式各論』, 5권, 79~80쪽.

89) 일종의 청문(請文)으로 「천수천안 관세음보살 광대원만 무애대비심 다라니 경(千手千眼 觀世音菩薩 廣大圓滿 無礙大悲心 陀羅尼經)」의 주(呪)인 '대비 주(大悲呪)'를 동음으로 합송(合誦)할 것을 대중에게 알리고 청하는 내용. 심 상현, 『佛敎儀式各論』, 5권, 79~80쪽.

90) 출처: 2006년 윤7월 본인 촬영.

「천수필수삼편자 초멸제염연 차거식심한애 후확주법계야」(千手
必須三遍者 初滅諸染緣 次去識心限碍 後擴周法界也), 즉 "천수다
라니를 반드시 세 번 독송하라 함은, 첫째 모든 염연을 멸하는 것
이고 둘째 욕심을 물리치는 것이며 끝으로 식심이 진여법계에 퍼
져 합일되게 함이다"의 설명에 기인한 것으로 짐작할 수 있다. 일
반적으로 불교의식에서 진언(眞言)의 경우에는 진언 제목을 한 번
그리고 내용을 세 번 염송함을 원칙으로 하고 있어 천수다라니를
삼 편 모셔지는 것은 당연하다고 하겠다.[92]

이렇듯 천수바라는 한국불교의식에서 보편적으로 설행하는 의
식 무용으로 볼 수 있고 각 지역에서 봉행하는 크고 작은 재 의식
에 빠지지 않고 등장하는 의식 무용으로 자리하고 있다.

(2) 천수바라의 연주 목적과 형태

무용과 의식의 연관성은 우리의 전통춤의 원류에서도 찾아볼 수
있다. 한국의 전통적인 춤의 원류는 토속신앙이 내재된 무속(巫俗)
과 불교의식의 습합(習合)으로 인한 무(舞)가 지금의 전통무용의
핵심을 이루고 있다고 보기 때문이다.[93] 그러나 무용과 종교의식
은 설행 목적에 따라 차이를 보이고 있는데 불교의식에 있어서 무
용은 신업공양(身業供養)으로 음악과 더불어 재 의식을 보다 장엄
하게 하는 한편, 신앙심을 고취시키는 역할을 한다. 불교무용은 전
통무용인 민속무용, 궁중무용과 달리 신(身), 구(口), 의(義) 삼업(三

---

91) 조선 후기 승려 긍선(亘璇)이 지은 불교의식집. 1826년(순조 26)에 편찬한 것
    으로, 불전 및 신중(神衆)에 올리는 재공(齋供)의식에 관한 작법절차를 기존
    의 의식문을 수정·보완하여 기록한 것이다. 『佛敎大辭典』, 下, 2209쪽.
92) 심상현, 『佛敎儀式各論』, 5권, 80~82쪽.
93) 김능화, 『천수바라춤』(인천: 한국불교무용연구소, 2001), 123쪽.

業)[94]의 수행을 통해 부처님께 올리는 공양의식으로 볼 수 있다.

『대일경』(大日經)[95]과 『금강정경』(金剛頂經)[96]에서 진언수행의 공덕을 살펴봄으로써 천수바라무를 통해 행하는 불교적 수행을 확인할 수 있다.

"진언(眞言)의 삼매문은 일체의 원(願)을 원만케 하며 모든 여래의 불가사의한 과(果)이며, 만약 이 교법을 알면 마땅히 모든 실지를 얻게 되므로 진실의 성과 진언, 진언상은 으뜸이라 하였으며, 일체제진언심을 염하는 것이 최무상"이라 표현하였는데 이것은 "대지(大智)의 살타법이란 바로 지금강의 염(念)이며 곧 문자종자를 생하게 하는 것이므로 최상의 대명은 묘안상을 생겨나게 하고, 묘화로 장엄하면 비밀리에서 비밀 중에 비밀이 생겨나게 하고 모

---

94) 신업(身業)·구업(口業)·의업(意業)에 의한 선악의 행위. 곧 신체활동·언어 표현·의지의 작용을 일컫는다. 불교의 가르침은 삼업을 올바르게 단속하는 것을 기본으로 삼고 있는데, 특히 심리적 요소만으로 이루어진 의업을 중시하여 전통적으로 모든 행위의 본질을 '사(思)'라고 하였다. '사'는 의지를 말하는 것으로, 결국 행위의 정신적 측면이라 할 수 있다. 이러한 점은 업의 의론이 기계적이고 숙명론적이 아니라, 의지의 자유와 노력의 결과를 인정하는 것으로 생각되어야 한다는 점을 제시하고 있다. 『佛敎大辭典』, 上, 1212쪽.

95) 『대일경』은 『대비로자나성불신변가지경』의 별칭으로서 7세기 중엽에 성립한 것으로 보인다. 전체 7권 36품의 진언삼부경 중 하나이다. 대일여래(비로자나불)가 체험한 성불의 경지와 비로자나불이 나타내 보여주는 신변가지(身變加持)를 설하는 방광(方廣)대승경 중의 가장 으뜸이 되며, 밀교의 근본경전 중의 하나로서 제1 「입진언문주심품」부터 제31 「촉루품」 이상 6권까지가 『대일경』의 원본으로서 당나라 학승인 무행(無行)이 인도에서 가져온 것이다. 그리고 제32진언 행학처품 이하 제36진언 사업품 이상 7품까지는 공양절차법으로서 선무외삼장(637~735)이 가져온 것으로, 이것을 원본과 함께 묶어 번역한 것이다. 『佛敎大辭典』, 上, 459쪽.

96) 밀교에서 의지하는 3부 비경(秘經)의 하나. 이 경에는 광본(廣本)과 약본(略本)이 있는데, 광본은 10만 송(頌) 18회로 되었다고 하나 전해지지 않고 약본만이 남아 있다.

든 관정법 내지 제자에게 일체의 대명을 베풀면 일체금강, 최상의 관정구인 모든 대명(大明)을 성취한다"로 받아들일 수 있다. 그러므로 진언을 염송하면 모든 허물에 물들지 않으며 일체진언을 방편으로 삼아 현생에서 속히 성취하게 된다고 하였고, 또한 대승의 무상진언행을 구하고자 뜻하는 자는 마땅히 환희주를 얻게 된다고 하였다.

[그림 13] 산스크리트 천수다라니[97]

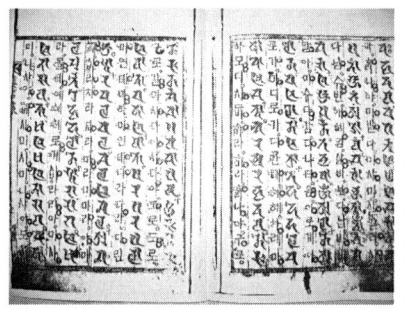

이렇듯 천수바라무를 비롯한 불교의식에서의 진행하는 대부분의 의식 무용은 불·보살을 찬탄하고 도량을 결계하며 삼보 전에 공양을 올리는 종교적인 목적과 스스로 개인의 성불(成佛)을 목적으로 하는 수행·정진하는 방편으로 행하여짐을 알 수 있다.

승가에서는 천수바라무에 염송되는 다라니가 한 말 속에 넓고 깊은 뜻을 지니고 있고 또 많은 공덕을 머금고 있을 뿐 아니라, 주문(呪文)이라는 언어의 성격을 초월한 마음의 직접적인 교섭이기 때문에 산스크리트 원문 그대로 독송하도록 되어 있다.

진언은 말로 다 표현할 수 없는 마음의 심오한 심정을 직접적으

---

97) 산스크리트 신묘장구대다라니, 봉원사. 출처: 본인 촬영.

로 나타낸 원초적인 자연음이라 할 수 있으며, 이런 경우의 심정을 말로 풀어서 설명한다는 것은 2차, 3차적 과정이 되므로 아무리 잘 풀어 해석한다 하더라도 그것은 당시 마음 그대로를 바르게 표현했다고 볼 수 없다. 그래서 천수바라무에 사용되는 음도 번역하지 않고 범어원음을 그대로 사용되어 지금까지 내려오고 있다.[98]

[악보 10] 천수바라 반주 채보[99]

연주·채보: 혜일명조(2009)

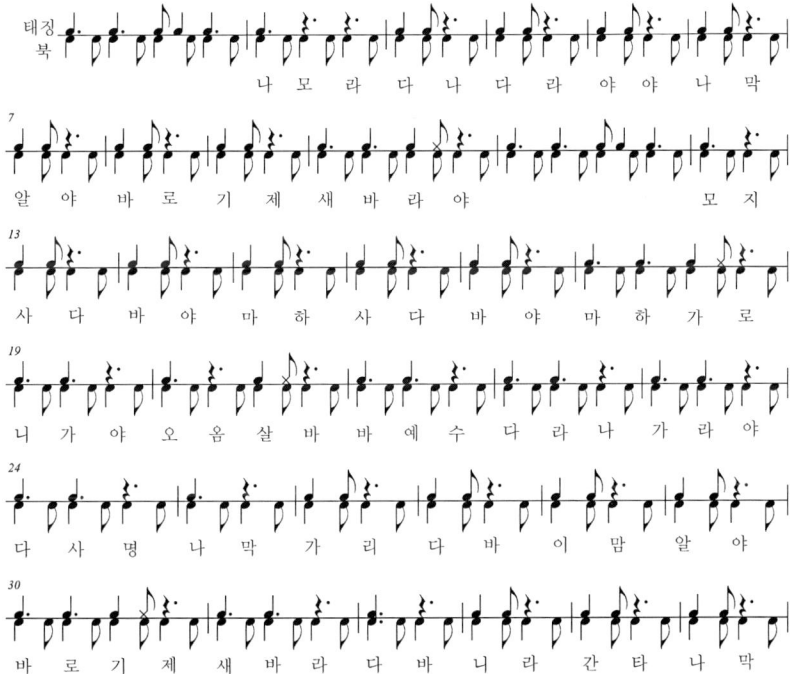

98) 김능화,『천수바라춤』(인천: 한국불교무용연구소, 2001), 141~142쪽.
99) 노명열,『현행 생전예수재와 조선불교 생전예수재 비교 고찰: 의식절차와 음악을 중심으로』(서울: 중앙대학교 대학원 박사학위논문, 2010), 494~97쪽.

36

하 리 나 야 마 발 타 이 사 미 살 발 타

40

사 다 남 수 반 아 예 염 살 바 보 다 남 바 바 마 라

45

미 수 다 감 다 냐 타 오 옴 아 로 게 아 로 가 마 지

50

로 가 지 가 란 제 혜 혜 하 례 마 하 모 지

56

사 다 바 삼 마 라 삼 마 라 하 리 나 야 구 로

62

구 로 갈 마 사 다 야 사 다 야 도 로 도 로

66

미 연 제 마 하 미 연 제 다 라 다 라 다 린 나 례

71

새 바 라 자 라 자 라 마 라 미 마 라 아 마 라 몰 제

76

예 혜 혜 로 게 새 바 라 라 아 미 사 미 나 사 야

80

나 베 사 미 사 미 나 사 야 모 하 자 라 미 사 미

85
나 사 야 호 로 호 로 마 라 호 로 하 례 바 나 마

91
나 바 사 라 사 라 시 리 시 리 소 로 소 로

98
못 쟈 못 쟈 모 다 야 모 다 야 매 다 리 야

103
니 라 간 타 가 말 사 날 사 남 바 라 하 리

108
나 야 마 낙 사 바 하 싯 다 야 사 바 하 마 하

112
싯 다 야 사 바 하 싯 다 유 에 새 바 라 야

117
사 바 하 니 라 간 타 야 사 바 하 바 라 하

121
목 하 싱 하 목 카 야 사 바 하 바 나 마 하 타 야

사바하 자가라 욕다야 사바하 상카 섭나네
모 다 나 야 사 바 하 마 하 라 구 타 다 라 야
사 바 하 바 마 사 간 타 이 사 시 체 다 가 릿 나
이 나 야 사 바 하 마 가 라 잘 마 이 바 사 다 야
사 바 하 나 모 라 다 나 다 라 야 야 나 막 알 야
바 로 기 제 새 바 라 야 사 바 하

　　반주음악에서의 태징과 북 장단은 우리 국악의 음악적 형태인 전형적인 자진모리 형태를 갖추고 있다. 이것은 불교의식의 범음 (梵音), 범패(梵唄)가 한국 전통음악의 장단을 사용하여 진행하는 것으로 볼 수 있다.

[악보 11] 내림게 가락100)

연주·채보: 혜일명조(2007)

　　불교의식 반주음악에서 연주하는 태평소는 내림게·요잡·염불·취타 등 4가지 형태가 전해진다.101) 천수바라 반주에 사용되는 호적의 반주는「내림게」가락이다.

　　불교 재 의식에서 진행하는 천수바라의 반주는 삼현육각과 취타대의 연주를 동반하기도 한다.

---

100) 경기 지역에서는 천수바라무(舞)의 호적(태평소) 반주에서 내림게 가락을 사용하는데 요잡바라에서 사용하는 가락과 구분되어 전해진다. 그러나 아쉽게도 전라도와 경상도에서는 뚜렷하게 구분되어 전해지는 가락은 없고 국악 연주에서 쓰이는 자진모리 가락을 사용하고 있다. 본 가락은 구해 스님이 스승인 동화 스님께 사사받은 가락으로 본인이 채보하였다.

101) 일부에서는 '능게' 가락을 추가하여 모두 5가지로 구분한다. 그러나 '능게'는 주로 불교의식과 직접적인 관계없이 대중들의 흥을 돋우기 위해 사용되므로 필자는 4가지로 구분한다.

[그림 14] 불교의식에서의 태평소 반주 모습102)

[그림 15] 영산재에서의 취타대103)와 반주를 넣고 있는 삼현육각

(3) 천수바라의 지역적 특징

① 마산 불모산 영산재의 천수바라

천수바라무는 경상도 지역에서도 전통의 맥이 전해지고 있다. 이 지역은 세계에서도 인정받는 찬란한 불교문화104)를 꽃피웠으며

---

102) 태평소는 바라무와 나비무 등의 불교의식 무용에서 중요한 반주음악을 구성한다. 출처: 본인 촬영.

103) 천수바라무(舞)가 진행될 때 영산재와 같은 큰 재(齋)에서는 취타대도 반주에 참여한다. 출처: 본인 촬영.

104) 1995년 경주 불국사와 석굴암, 해인사의 팔만대장경이 2000년에는 경주유적 등이 유네스코 세계문화유산으로 지정되어 있다. 인터넷: kr.dic.yahoo.com. 검색어: 불국사.

현재까지도 한국 불교의 중심 역할을 하고 있다. 불교의식의 발전적인 측면에서도 다른 어느 지역보다도 전승의 맥을 잘 유지하고 있다. 쌍계사의 진감선사대공탑비의 비문에서 보이는 진감선사에 의한 범패의 전래를 살펴보더라도 영남지방의 범패와 무용은 우리나라에 전해지는 범패 중에서도 가장 독창적이며 서민적인 모습을 보여주고 있다. 현재 영남지방에는 부산, 마산, 밀양 등에서 지역적 특징이 잘 나타난 재 의식을 전승하고 있는데 그중 활발한 활동으로 지역 불교의식 전승에 영향력을 주고 있는 마산 불모산 영산재105)에서 설행하는 천수바라무를 중심으로 음악적 특징을 설명하고자 한다.

마산 불모산 영산재106)는 석봉 스님107)을 보유자로 2002년 경남도로부터 무형문화재 제22호로 지정받아 오늘에 이르고 있다. 매년 정기적인 공연으로 영산재를 소개하고 있으며 불모산영산재보

---

105) 경상남도 무형문화재 제22호로 불모산 일대의 사찰을 중심으로 행해지는 불교의식으로서 경상도를 중심으로 하는 아랫녘소리로 이루어지는 범패와 그 범패에 맞추어 행해지는 작법(바라춤, 나비춤, 법고춤 등)으로 구성된 영산재의 한 갈래이다. 출처: 제4회 동아시아 불교음악학술대회 안내책자 16쪽.

106) 한국의 범패는 낙동강 이북(以北)·이서(以西)의 전라도·경북·충청도·경기도 등지의 웃녘소리와, 낙동강 동남쪽, 경남지방의 아랫녘소리로 대별되는데, 아랫녘소리는 특히 신라시대 진감선사가 당(唐)에서 귀국 후 이 지역의 하동 쌍계사에서 범패를 가르쳤기 때문에 진감선사의 범패 전통을 이은 지역의 소리라는 점에서 오랜 전통의 문화재가 된다. 아랫녘소리는 주로 이 지역의 중심이 되는 절인 통도사와 범어사를 중심으로 범패가 전승되어온 것으로 보인다. 그래서 이를 '통범소리'라고 한다. 마산 불모산 영산재는 영남 지역의 통도사와 범어사 중심의 아랫녘소리(통범소리) 가운데 독특한 일파를 이루어 온 고성(固城), 통영(統營) 지방의 범패전통을 잇고 있다. 경상남도 무형문화재 제22호 정기공연 불모산 영산재 안내책자. 13쪽.

107) 불모산 영산재 범음, 범패, 법고무 예능보유자(경상남도 무형문화재 제22호)로 명해 스님과 혜담 스님에게 소리와 작법을 전수받았고 현재 백운사 주지 소임과 후학양성에 힘쓰고 있다.

존회를 통해 지역 의식을 알리고 있다.

불모산 영산재에서 보편적으로 설행하는 무용은 천수바라를 비롯한 다게·운심게·오공양·삼귀의 등을 꼽을 수 있다. 이와 같은 의식 무용은 현재 서울 봉원사 영산재에서도 같은 명칭의 의식 무용이 전해지고 있지만 소리와 춤사위 그리고 반주 형태는 전혀 다른 모습으로 진행된다.

[그림 16] 영남범패에서 사용되는 광쇠와 연주 모습과 감로탱화에서의 광쇠[108]

영남 지역의 반주악기 중 가장 눈에 띄는 것은 '광쇠'라고 불리는, '꽹과리'를 묶어서 연주하는 악기다. 영남지방에서 불교의식 반주를 위해 연주하는 이 악기는 서울을 비롯한 지방에서 반주를 이끌어가는 태징과 쓰임이 같다. 조선시대에 그려진 각 지방의 감로탱화에서는 광쇠의 연주 모습을 쉽게 발견할 수 있어 조선시대 불교의식에서는 널리 사용한 악기로 추측된다. 다만, 현재는 영남지방을 제외한 다른 지역에서 광쇠를 사용하지 않고 있는데 이와

---

108) 김해시 진영읍 소재 화장사에서 예수재 입재의식 중 광쇠로 의식을 진행하는 모습과 서울 봉은사 감로탱화(1892년 제작)에서 광쇠 연주 모습. 2006년 7월. 출처: 본인 촬영.

같은 이유에 관해서는 추가적인 논의를 필요로 한다.

영남 지역 천수바라무의 태평소 연주는 뚜렷한 맥이 전해지지는 않는 것으로 보인다. 그렇기에 연주자 개인의 성향에 따라 선율이 다르다. 서울의 천수바라 반주는 5분 정도 소요되는 데 반해 불모산 영산재는 무려 8분 이상 연주한다. 당연히, 느린 반주음악으로 인해 춤사위가 크고 웅장하며 역동적이다.

[그림 17] 서울·경기 바라무의 춤사위[109]

서울 중심의 춤사위를 살펴보면 바라가 배꼽 아래까지 내려가서는 안 되고, 바라를 앞으로 짚을 때는 왼손이 바라 밑에 있고 오른손이 바라 위에 있어야 하며 머리 위로 올릴 때는 반대로 오른손이 아래이고 왼손 바라가 머리 위에 있어야 한다. 또 머리 위에서 양손을 벌릴 때는 반드시 머리 위에서 나누어져야 하며 바라를 돌리는 동작에서 내려오는 손은 먼저 오른손이고 왼손이 머리 위에 있어야 하고 그다음은 반대로 한다. 회전을 할 경우에는 원점에서 다시 같은 방향으로 반복하지 말며 정(丁)자 밟기로 해준다.[110] 이렇

---

109) 서울 경기바라에서의 대표적인 춤사위. 2006년 윤7월. 출처: 본인 촬영.
110) 김능화, 『천수바라춤』(인천: 한국불교무용연구소, 2001), 129쪽.

듯 서울을 중심으로 하는 바라무의 춤사위는 크게 올리고, 내리며 돌리는 2~3가지 형태의 동작을 반주에 맞추어 추는 반복적인 형태를 보이고 있다.

영남 지역의 천수바라 춤사위는 상대적으로 느리게 반주되는 소리와 리듬으로 보다 크고 웅장하며 섬세하게 진행된다. 바다의 파도를 연상시키듯 출렁이는 스텝이 인상적이며 양손을 동시에 올리고 내리는 동작과 양팔을 벌려 마치 커다란 원을 그리듯 360° 회전하며 추는 춤사위는 바라무의 역동성을 느끼기에 충분하다.

[그림 18] 영남 지역에서의 천수바라 춤사위111)

---

111) 영남 지역에서 보이는 360° 회전과 양손을 동시에 올리고 내리는 춤사위를 보여주는 정광 스님. 2006년 7월. 출처: 본인 촬영.

불모산 영산재에서 소리하는 복청게는 서울의 것과 많은 차이가 있다.

[악보 12] 불모산 영산재의 복청게

소리: 석봉
채보: 송경란

이렇듯 영남 지역을 대표하는 마산 불모산 영산재의 복청게는 서민적이며 깊이 있는 소리가 특징이다. 천수바라의 반주는 서울과 동일한 반주 형태를 띠면서도 상대적으로 느린 속도감을 보여 다른 어느 지역의 춤사위보다 더 크고 화려한 동작을 보여준다.

② 호남 영산작법의 천수바라
전라도 지역은 육자배기·강강술래·진도아리랑 등 지역을 대

표하는 많은 소리가 전해지며 한국 전통음악을 쉽게 접하고 익힐 수 있는 환경이 조성된 곳이기도 하다. 이 지역 소리는 가락이 흥겹고 음악적으로나 문학적으로 세련되어 있지만 대체로 슬픈 느낌의 서정적 표현이 강하다. 전라도에 전승되는 범패도 예외는 아니어서 그 소리가 구성지고 경쾌하며 강하다. 현재 전라북도 무형문화재 제18호 '영산작법'은 불교의식의 맥을 이어가며 전북 지역의 범음·범패와 작법을 전수하는 데 크게 이바지하고 있다. 영산작법은 완주 봉서사112)를 중심으로 전해오며 전주 출신인 일응 스님이 26세 때 봉서사 보담 스님의 문하에서 의식을 전수받은 후 그 가치가 인정되어 무형문화재로 지정받았다. 현재 전라북도 무형문화재 제18호 작법기능 보유자 석정 스님113)을 비롯하여 혜안·혜정·현덕·법정 스님 등이 법맥을 이어가고 있다. 전라북도 영산작법에서 중요시 여기는 작법은 나비무의 운심게를 비롯하여 도량게·다게작법과 천수바라·민바라114)·기성가지115)·명발 등의 바라무를 꼽을 수 있고 서울·경기지역과 마찬가지로 짓소리116)를 중요시 여긴다.117)

---

112) 신라 성덕왕 26년(727년)에 창건되었으며 고려 공민왕 때 나옹화상이, 조선시대 선조 때에는 진묵대사가 중창하고 이곳에 머물면서 중생을 교화하였던 유서 깊은 절이다.

113) 전라북도 무형문화재 제18호 영산작법 기능보유자로 9세 때 출가하여 영봉, 일암, 길남, 일응 스님께 소리와 작법을 전수받고 1991년 기능보유자로 지정받았다. 현재 영산작법보존회 회장과 극락암 주지소임을 맡고 있으며 30여 명의 후학들을 지도하고 있다.

114) 서울·경기 지역의 요잡바라와 그 쓰임이 같다.

115) 서울·경기 지역의 사다라니바라와 그 쓰임이 같다.

116) 어장 스님의 인도 아래 작성, 재창하는 소리로 보통 30분에서 1시간 가까이 연주되는 소리. 과거 72곡 중 현재 15곡만 전해지고 있다. 법현, 『불교음악 영산재연구』(서울: 운주사, 1997), 30쪽.

영산작법의 복청게는 크게 두 가지로 나뉘는데 첫째는 일반 의식에서 사용되는 소리이고 다른 하나는 영산재와 같은 규모가 큰 행사에서 쓰이는 짓소리 형태의 소리가 있다.[118]

일반적인 복청게의 특징을 살펴보면 먼저 그 가락이 현재 서울 ˙경기 지방에서 내려오는 소리와 많은 점이 흡사하며 소리는 빠르고 그 음색이 매우 강하며 메나리토리의 형태를 띠고 있다.

영산작법의 복청게와 천수바라의 반주소리는 서울˙경기 지역에서 전승하고 있는 구성과 동일하지만 상대적으로 빠른 속도가 특징이다. 특히, 연주 성향이 동일한 점은 1960년대 이후 범패 소리를 전수하는 과정에서 전라도 지역 출신 범패승이 서울에서 활동했던 흔적이 있어 이때를 기점으로 두 지역 소리가 서로 일정 부분 합쳐진 결과로 보인다. 천수바라 반주의 속도는 ♪=80~90으로 다른 지역에서의 반주보다는 빠르게 진행되며, 반주에는 서울˙경기 지역과 같이 태징, 목탁, 북 그리고 태평소가 반주악기로 사용된다.

---

117) 석정 스님 증언. 2006년 8월.
118) 그러나 짓소리 형태의 복청게는 그 맥을 알고 있는 이가 드물고 재현이 어려워 옮길 수 없다.

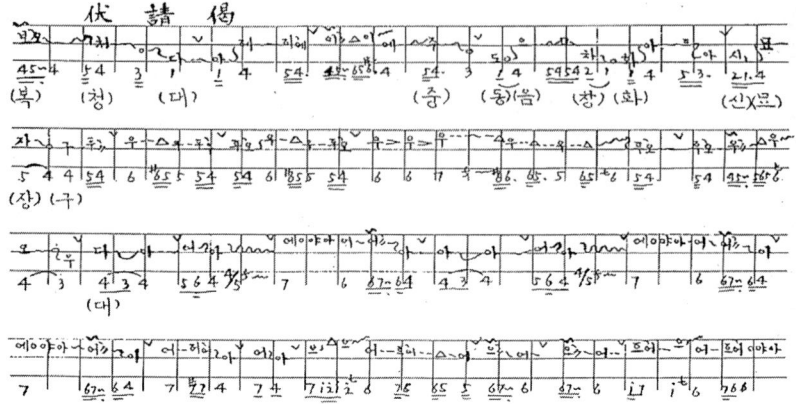

영남 지역에서 살펴본 바와 같이 춤사위는 반주음악의 속도와 깊은 관계가 있다. 전라도 영산작법의 춤사위는 반주가 빠르게 진행되기 때문에 춤사위는 동작이 작고 간결하다. 또한 미적 아름다움의 표현보다는 일정한 틀에 균형을 중시, 정해진 방향으로 진행하고 있기 때문에 근대에 춤사위를 재정비한 흔적이 보인다.

---

119) 호남범패의 대표적인 어장 스님으로 생전에 본인이 직접 채보한 실 선보. 출처: 석정 스님.

[그림 19] 영산작법 보유자 석정 스님과 보존회 회원과의 인터뷰 모습[120]

    영산작법의 가장 큰 특징은 '자리바꿈'에 있다. 이것은 둘 혹은 네 명 이상이 작법을 행할 때 자신이 서 있던 자리에서 마주한 상대방과 자리를 바꾸는 것인데 천수바라에서는 두 번에 걸쳐 이뤄진다. 기성가지 바라에서는 각 진언의 소리가 시작되기 전에 행하여진다. 이 의식을 진행하는 중에 상대방과 자리를 바꾸는 춤사위는 유일하게 전라도 지역에서 확인할 수 있다. 이와 같은 춤사위의 정착은 전통적인 춤사위라기보다는 근래에 재정립한 것임을 증언 자료를 통해 확인하였다.[121]

---

120) 석정 스님(좌)께서 호남 범패에 대해 설명하시고 보존회 회원(우)들이 작법 시연을 도와주셨다. 우측 두 번째, 호남범패의 산 증인이신 보은 어장 스님 께서 증명하셨다. 2006년 9월 27일 전주 극락암. 출처: 본인 촬영.
121) 과거 호남의 바라무는 각 스님들의 춤사위가 다르게 표현되어 같은 반주에 서도 각기 다른 모습의 춤을 선보인 듯하다. 이후 지금은 열반하신 성암, 금화, 호경, 영담 등의 어장 작법스님들과 현재 생존해 계신 보은 노스님들에 의해 다시금 재정립되어 현재에 이르렀다. 법륜 스님(현재 '영산작법'에서 어장으로 활동하시며 영봉, 성암, 일웅, 보은 스님께 소리를 보담, 성암 스님 께 작법을 사사 받았다) 증언. 2006년 8월.

[그림 20] 자리바꿈과 양손을 벌리고 자리에서 도는 춤사위[122]

영산작법 바라무의 춤사위는 양손을 동시에 올리고 내리는 동작을 반복적으로 보여주는데, 이는 같은 동작이 한 번에 그치는 영남 지역의 춤사위와는 다른 형태로 보이며 양손을 벌리고 제자리에서 도는 춤사위 또한 이 지역 바라무에서 확인할 수 있는 특징으로 볼 수 있다.

[그림 21] 양손을 위로 올리고 내리는 춤사위[123]

---

122) 호남바라의 춤사위. 출처: 본인 촬영.
123) 호남 지역의 독특한 춤사위로 계속적으로 반복해서 진행된다. 출처: 본인 촬영.

전라도 지역의 천수바라는 빠르고 간결하며 강하다. 그 소리 속에 흥이 있고 멋이 살아 숨 쉰다. 다른 지역에 비해 상대적으로 불교의식을 보급하기에는 열악한 환경에 있지만 석정 스님을 비롯한 많은 어장 스님의 노력으로 지금도 전라도 범패는 원만히 전승되고 있다.

한국 불교의식 무용의 꽃이라 불리는 천수바라무는 서울·경기와 영남 그리고 전라도에 이르기까지 각기 다른 복청게 소리와 반주 속도 그리고 춤사위를 보여주고 있다. 소리가 밝고 경쾌하며 리듬의 시작과 끝이 분명하고 춤사위가 간결한 서울범패와 묵직하고 깊이가 있고 느린 반주음악에 맞춰 남성적인 율동이 강한 영남범패, 빠르고 강하며 구성진 소리와 절도 있는 춤사위가 매력인 전라도 범패. 이와 같은 각각의 특징을 그대로 간직하고 있지만 무용의 반주는 3분박, 3박자 형태를 유지하고 있음을 분명히 인지할 필요가 있다.

3) 자웅금

(1) 자웅금의 정의

주로 법당 내에 위치한 법구(法具)인 자웅금(雌雄金)은 '금고(金鼓)'라고 불리는 타악기의 일종으로 '반자(飯子)' 또는 '금구(金口)'라고도 한다. 예부터 불교의식용과 군대의 군사 활동용으로 사용했다고 전해진다. 불교의식용으로는 조석예불이나 기타 법회 때 의식의 시작을 알리고 의식을 장엄하게 하기 위해 연주했다. 불교 경전인 『현우경』(賢愚經)124)에는 "반자를 치면 모든 사람이 다 모

---

124) 『현우인연경』(賢愚因緣經)이라 하며 쉽고 재미있는 비유와 인연설화로 구성

인다"라는 구절이 있어 예부터 사찰에서 사람들을 모으고 알리게 할 목적으로 사용되었다는 것을 알 수 있다.

주로 청동으로 만들어졌으며 형태는 납작한 원형인데, 한쪽은 터져서 속이 비었다. 전면은 보통 태조선으로 2~3분하여 외연에 는 당초문125)과 운문126)을, 가장 내연에는 연화문을 시문하였는데, 이 연화문도 다시 태선으로 2분하여 씨방과 꽃잎을 표현하였다. 따라서 표면에는 2~3개의 태조선이 있다. 또한 다른 면의 입구 주위에도 문양을 새기는 경우가 많다. 옆면은 1~3개의 고리가 중심에서 위쪽에 달려 있으며, 전면처럼 1~2개의 태조선으로 구획을 짓고 명문을 기록하였다. 통일신라시대 작품인 함통육년명금고(咸通六年銘金鼓)127)가 현존하며, 1179년에 만들어진 대정십구년명금고

되었으며 불교를 대중화시키는 데 많은 영향을 끼쳤다. 중심사상은 인과응보와 계율사상이다. 『佛敎大辭典』, 下, 2799쪽.

125) 여러 가지 덩굴풀이 비꼬여 뻗어나가는 모양의 무늬. 당풍(唐風) 또는 이국풍(異國風)의 덩굴이라는 의미가 있으며 중국에서는 만초문(蔓草文)이라고 한다. 조선시대에는 도자기 등에 소박하게 묘사된 회화풍의 당초무늬가 성행하였다. 인터넷: kr.dic.yahoo.com. 검색어: 당초문.

126) 고대 미술에서 성행하던 구름 모양의 장식무늬. 구름무늬라고도 한다. 운문에는 구름이 바람에 날아가는 모양의 비운문(飛雲紋), 흘러가는 구름 모양의 유운문(流雲紋), 점점이 흩어진 구름 모양의 점운문(點雲紋)이 있다. 한국에서는 한사군(漢四郡)의 하나인 낙랑(樂浪)과 삼국시대 유물에서도 볼 수 있는데, 구름은 크기와 형색 등이 달라 인동(忍冬)을 닮은 인동운, 영지(靈芝)를 닮은 영지운, 당초무늬를 이룬 운당초운(雲唐草雲) 등과 서운(瑞雲)·괴운(怪雲) 등이 있다. 인터넷: kr.dic.yahoo.com. 검색어: 운문.

127) 통일신라시대의 금고. 지름 31.5㎝, 옆쪽너비 10.5㎝. 표면장식이 전혀 없어 고려금고와 구별되며, 한국 금고의 기본형으로 남아 있다. 표면에는 중앙부 한가운데에 卍자가 새겨진 것 외에는 별 무늬가 없어 소박·장중하고 고격한 품위를 보여준다. 중앙부에는 卍자를 중심으로 가는 2개의 줄이 도드라지게 돌려진 사이에 굵은 줄 하나가 넓게 돌려졌고 외곽에 1개의 줄이 더 있다. 그 밖으로는 또 다른 큰 줄 2개가 간격을 두어 돌려졌는데, 전체적으로 동심원상을 표현하고 있는 것이 특징이다. 또한 옆쪽 중앙에는 도드라진

(大定十九年銘金鼓)[128]와 1202년에 주조된 포계사금고(蒲溪寺金鼓) 등 고려시대의 우수한 작품들이 많이 남아 있다. 이밖에 양식상 뒤떨어지기는 하나, 조선 후기 작품들이 다수 남아 있다.

[그림 22] 청동금고(좌)와 경암사 금고(우) 국립중앙박물관 소장[129]

큰 줄 1개를 돌려서 좌우로 양분하였는데, 이 넓은 띠 위에 심엽형(心葉形)으로 만든 고리 3개가 있어 끈을 끼워 매달게 되었다. 큰 줄의 넓은 띠 안쪽에는 좌서(左書)로 양각하여 튀어나오게 주조한 명문 18자가 있는데, 그중 함통육세(咸通陸歲)는 865년(신라 경문왕 5)으로 제작 연대가 분명하다. 출처: 국립중앙박물관.

128) 고려시대 금고(金鼓). 1179년에 만들어졌다. 지름 42.5㎝, 나비 9㎝. 중앙부에는 중심에 1개, 그 둘레에 8개로 모두 9개 연밥이 배치되어 자방(子房)을 이루었다. 이 자방을 중심으로 넓게 두드러진 굵은 선을 가운데 두고 양쪽 가장자리에 가느다랗게 두드러진 선이 다시 둘러진 1조(條)의 띠 4개가 동심원상(同心圓狀)으로 둘러져 모두 3개의 구획으로 나뉘어 있다. 측면에는 중앙부에 두드러진 굵은 선으로 앞뒤 양쪽 판(板)을 구획하고 있다. 구획된 앞쪽에는 '대정십구년기해이월일주성'(大定十九年己亥二月日鑄成)이라는 명문(銘文)이 있다. 출처: 국립중앙박물관.

129) 출처: 인터넷, 검색어: 금고.

군사용으로는 군사 활동에 있어 명령이나 신호를 하기 위하여
사용되었던 대표적 군사 장비인데, 이런 용도에서는 주로 징(鉦)이
라 불렸다. 옛 군사 장비 중에는 북과 징이 있어 전진이나 정지의
신호로 삼았는데 북을 치면 움직이고, 징을 치면 정지하였다. 이에
대한 문헌 자료로는 조선 문종 원년(1451년) 수양대군(首陽大君,
1417~66)의 서문(序文)에 기술된 『진법』(陳法)[130]이나, 성종 5년
(1474년)에 완성된 『국조오례의』(國朝五禮儀)[131] 등을 꼽을 수 있
다. 또한 중국 송나라 황공소(黃公紹)가 지은 『운회』(韻會)[132]에
"군행(群行)의 정(鉦)과 탁(鐸)을 금(金)이라 한다"고 기술하고 있
고 후한(後漢) 때의 저술인 석명(釋名)[133]도 "금(金)은 금(禁)으로

---

130) 조선시대 문종이 수양대군에게 명하여 편찬하게 한 병서. 1책. 목판본. 조선
초기 군대편제를 12사(司)체제에서 5사체제로 개편하면서 5사의 훈련에 알
맞게 편성한 병서이다. 1451년(문종 1) 문종의 명으로 초간본이 간행되었고,
세조가 즉위한 뒤 주해에 음역을 달고 진도(陣圖)를 넣어 『소자진서』(少字
陣書)를 펴냈으며 5년 후에 『대자진서』를 간행하였다. 『브리태니커세계대백
과사전』(서울: 웅진출판주식회사, 1993), 20권, 229쪽.

131) 조선 초기 오례(五禮)를 규정한 책. 8권 6책. 목판본. 세종 때 고금의 예서
(禮書)와 『홍무예제』(洪武禮制)를 참작하고 『두씨통전』(杜氏通典)을 모방하
여 편찬에 착수하였으며, 그 후 세조가 강희맹(姜希孟) 등에게 명하여 길(吉)
・흉(凶)・가(嘉)・빈(賓)・군(軍)의 오례 중에서 실행하여야 할 것을 뽑고,
또 도식(圖式)을 붙여 편찬하였으나 탈고하지 못하고, 1474년(성종 5년) 신
숙주(申叔舟)・정척(鄭陟) 등에 의해 완성되었다. 규장각・장서각 등에 소장
되어 있다. 『브리태니커세계대백과사전』, 2권, 481쪽.

132) 중국 원나라 학자 황공소(黃公紹)가 1202년 간행한 운서(韻書). 송(宋)나라
때 간행된 『대중수광운』(大重修廣韻)의 206운을 107운으로 줄여 만든 것이
다. 뒤에 웅충(熊忠)이 이를 대본으로 다시 더 요약하여 『고금운회거요』(古
今韻會擧要)를 엮었다. 인터넷: kr.dic.yahoo.com. 검색어: 운서.

133) 중국의 사서(辭書). 후한말 유희(劉熙)가 지은 책. 같은 음을 가진 말로 어원
을 설명한 것이다. 내용에 의해서 석천(釋天)・석지(釋地)・석산(釋山)으로
시작하여 석질병(釋疾病)・석상제(釋喪制)에서 끝나는 27편의 분류방법은 『
이아』(爾雅)와 같으나, 소리가 비슷한 말은 의미에도 많은 관련이 있다는 이

서 전진이나 후퇴를 금지하는 것이다"라고 설명하고 있어 예부터 군사 행동에 있어 반드시 필요한 장비였음을 짐작할 수 있다.

[그림 23] 국립중앙박물관에 소장된 고려와 조선시대의 쇠북(자웅금)[134]

중국의 예를 보더라도 당(唐)의 고승 현장(玄奘)[135]이 저술하기 시작하여 646년에 완성한 『대당서역기』(大唐西域記)[136]에 "반자를 한 번 울리면 네 사람이라도 일어나서 적을 생포한다"라는 내용이

른바 성훈(聲訓)의 입장에서 해설을 가한 점이 특색이다. 『동아원색세계대백과사전』(서울: 동아출판사, 1982), 17권, 33쪽.

134) 국립박물관. 출처: 본인 촬영.

135) 중국 당나라의 승려. 삼장법사(三藏法師)라고도 한다. 627년 또는 629년에 장안(長安)을 출발하여 서역(西域)을 거쳐 인도 마가다국의 날란다 사원에 이르러 계현(戒賢)의 가르침을 받았다. 널리 인도 국내의 학자를 찾아가 수많은 경전을 얻어 645년 귀국하였다. 이후 역경 연구에 힘써 『성유식론』(成唯識論) 등 76부 1,347권을 번역하고, 이것을 기초로 하여 『유식종』(唯識宗; 法相宗)을 열었다. 저서로 『대당서역기』(大唐西域記)가 있다. 『佛敎大辭典』, 下, 2801쪽.

136) 중국 당나라 때 승려인 현장이 서역(西域)으로 가서 불경을 구한 행적을 기록한 기행문. 모두 12권으로 되어 있으며 현장이 기술하고 그의 제자인 변기가 편찬하였다. 138개국 국가, 지구, 도시국가의 지리, 산천, 성읍, 교통, 풍습, 산물, 정치문화 및 특히 당시의 불교 상황, 불교 고적, 역사 전설, 인물 전기 등에 관해 상세히 기술되어 있다. 『브리태니커세계대백과사전』, 4권, 409쪽.

있어 당시 신호로 사용된 흔적이 있다.

[그림 24] 보물 제864호 청동금고 육군사관학교 육군박물관 소장[137)

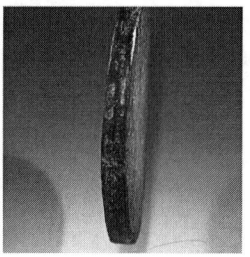

현재 육군사관학교박물관에 보관하고 있는 이 청동제 금고는 선조 19년(1586년)에 군사용 목적으로 만든 것이다. 전체 지름은 61㎝이며, 채로 치는 부분인 중앙 채받이에는 지름 19㎝ 정도로 선(線)을 돌리고 태극무늬 같은 삼파문(三巴紋)이 새겨져 있는 것이 특징이다.[138)

(2) 자웅금의 연주 목적과 형태

불교의식에서 금고(金鼓)의 연주 목적은 대중에게 예불과 공양 시간을 알리는 용도 외에 구체적인 의미와 연주 목적은 확인할 수 없다.

불교의식의 진행을 위해 사용하는 악기는 크게 대종(大鐘)・목어(木魚)・운판(雲板)・법고(法鼓) 등 4종류의 악기로 볼 수 있고 이는 동라(銅羅)[139)・바라(銅鉢)・요발(繞鉢)[140)・요령(繞鈴)・목

---

137) 출처: kr.dic.yahoo.com. 검색어: 금고.
138) 출처: kr.dic.yahoo.com. 검색어: 쇠북.
139) 태징(太鉦)을 말하며 법회 때 쓴다. 법현, 『불교음악영산재연구』(서울: 운주

탁(木鐸)·소고(小鼓) 등으로 발전되어 현재에 이르고 있다. 이것을 사물(四物)이라고 하는데 모두 중생을 제도하려는 목적으로 연주한다. 예컨대 대종에는 명부(冥府)의 중생을, 목어에는 수중(水中)의 중생을, 운판에는 허공(虛空)의 중생을 그리고 법고에는 세간(世間)의 중생을 제도하려는 비원이 담겨 있다.141) 사물의 연주는 매일 새벽 인시(寅時: 3~5시)가 되었을 때 도량의 호법성중(護法聖衆)142)과 사(寺) 내의 일체 대중 및 일체중생에게 기침(起寢)을 알려 혼침(昏沈)을 물리치게 하는 목탁석(木鐸夕)과 쇳송143) 후에 대종의 33추를 시작으로 법고와 운판 그리고 자웅금(雌雄金)을 마지막으로 연주하고 입승(立繩)144)의 죽비 소리를 신호로 사미가 선창(先唱)하고 대중이 후창(後唱)하는 향수해례(香水海禮) 의식을 시작145)한다.146)

대종의 33추 타종으로 시작되는 사물의 연주는 각 사찰에 따라

사, 1997), 17쪽.

140) 무용에 쓰이는 악기로 둥글게 되어 안쪽에 끈을 잡아 양손을 사용하여 쓴다. 법현, 『불교음악영산재연구』, 17쪽.

141) 대종청명부중(大鐘請冥府衆)·목어청수부중(木魚請水府衆)·운판청공계중(雲版請空界衆)·법고청세간중(法鼓請世間衆). 安震湖, 『釋門儀範』(서울: 卍商會, 1935), 上, 128쪽.

142) 호법신과 같음. 불법을 수호하는 선신들. 금강역사(金剛力士)·4천왕(天王)·호세(護世) 8방천(方天)·10라찰녀(羅刹女)·12신장(神將)·16선신(善神)·28부중(部衆)·30번신(番神)·36신왕(神王) 등 불법을 좋아하며 존중하고 옹호하는 모든 천신·귀신·용왕들을 말한다. 『佛敎大辭典』, 下, 2830쪽.

143) 도량석(목탁석) 직후, 지옥중생을 포함한 일체중생의 성불을 목적으로 정해진 규식에 의해 종을 울리며 종성문(鐘聲文)과 장엄염불(莊嚴念佛)을 염송(念誦)하는 의식. 심상현, 『佛敎儀式各論』, 3권, 69쪽.

144) 산림과 의식을 주관하는 소임 스님.

145) 심상현, 『佛敎儀式各論』, 3권, 69~107쪽.

146) 이와 같은 새벽예불의 순서는 서울 봉원사에 기준 한다. 예불의 순서와 절차는 각 사찰마다 차이가 있다.

차이가 있을 수 있으나 대부분의 사찰에서 대종 ⟹ 법고 ⟹ 운판 ⟹ 목어 순으로 진행한다.

불교의식에서 자웅금의 연주를 설명한 저서는 심상현의 『佛教儀式各論』이 유일하다. 저자는 자웅금(雌雄金) 혹은 동당쇠[147]라 불리는 금고가 과거 불교의식용으로 중요하게 연주 했었다고 설명한다.

　　과거에는 쇠북이라 하여 당(幢)의 처마 밑이나 법당 안에 두고 예불시간을 알릴 때나 대중을 모을 때 사용했다. 목탁석과 쇳송이 끝나고 각 사물의 연주가 마무리되면 대중에게 예불의 시작을 알리는 쇠북이 연주되는데, 이때 연주되어지는 불교의식에서 자웅금이라 전해지는 동당쇠는 금고(金鼓)와 반자(飯子) 두 종류로 나뉘어 사용되었으며, 금고는 금구(禁口) 또는 금구(金口)라고도 하며 양면을 모두 사용할 수 있는 구조로 돼 있다. 그리고 반자는 반자(半子) 또는 반자(飯子)로 표기하는데 모양은 징처럼 생겼고 한쪽 면만을 사용할 수 있도록 제작되었다. 그러나 후대에 와서는 이들의 모양이나 구조와 관계없이 같은 명칭으로 쓰이고 있다. 또한 『대방광불화엄경』(大方廣佛華嚴經)[148] 제1권 「참회품」에는 금고와 관련된 비유가 보이기도 하는데 "그때에

---

147) 암수 두 마리의 꿩이 친 종소리를 나타내는 의성어. 심상현, 『佛教儀式各論』, 3권, 103쪽.

148) 『대방광불화엄경』은 줄여서 『화엄경』이라 부르기도 한다. 대방광(大方廣)은 부처님의 깨달은 진리를 말하는 것으로서 『대방광불화엄경』이란 크고 방정하며 넓은 이치를 깨달은 부처님의 꽃같이 장엄한 경이란 뜻이다. 이 불경은 당나라 삼장반야(三藏般若)가 한역(韓譯)한 「정원본」(貞元本: 唐785~805) 40권 가운데 제31권으로 고려 숙종 연간(1096~1105)에 간행한 판본의 복각본으로 보이는 사간판본이며 13~14세기경에 간행된 것으로 추정된다. 『佛教大辭典』, 上, 2830쪽.

신장보살은 그날 밤 꿈에 금으로 된 쇠북을 보았다. 그 모양은 예쁘고 컸으며, 그 광명이 널리 마치 햇빛(日光)과 같았다. 또한 그 광명 속에는 시방세계의 한량없는 여러 부처님께서 여러 가지 보배로 된 나무 밑에 유리로 된 평상에 앉아 한량없는 백 천 권속(眷屬)에게 둘러싸여 법을 설하시는 것을 보았다. 그때 어떤 바라문이 북채로 '쇠북'을 쳐서 큰 소리를 내는 것을 보았는데, 그 소리로 참회하는 게송을 연설하였다. 이 큰 쇠북에서 나오는 묘한 소리는 지난 과거생과 현생의 모든 고통을 없애주나니 지옥, 아귀, 축생의 괴로움과 가난과 곤궁과 그 밖의 여러 가지 고통도 이 쇠북에서 나오는 아름다운 묘한 소리가 중생들이 당하는 온갖 괴로움을 모조리 덜어 없애주나니" 이것은 금고가 삼세[149]의 중생들로 하여금 온갖 고통과 번뇌에서 벗어나게 해주고 두려움을 끊어주고, 삼천대천세계에 두루 퍼져 삼악도(三惡道)[150]의 지극히 무거운 죄와 인간의 모든 고액을 없애준다고 설하고 있다.[151]

---

149) 과거·현재·미래의 3가지를 말함. 불교에서는 세계의 시간적 구분. 『佛敎大辭典』, 上, 1196쪽.
150) 중생이 악업의 결과로 죽어서 가게 된다는 세 괴로운 세계. 곧, 지옥도(地獄道)·축생도(畜生道)·아귀도(餓鬼道). 삼도(三道). 삼악추. 삼악취. 『佛敎大辭典』, 上, 1211쪽.
151) 출처: 인터넷, 검색어: 허균, 『불전사물』.

[그림 25] 거치대에 위치한 자웅금152)

　금고는 반자(飯子)라는 명칭으로도 전해지고 있는데『작법귀감』
(作法龜鑑)153)의　격금규(擊金規)에는 「사시금삼종　표삼승즉일승
일승즉삼승 불전공양」(巳時金三宗　表三乘卽一乘　一乘卽三乘　佛前
供養)으로 기술하는데 이는 "사시금 세 마루는 삼승즉일승이요, 일
승즉삼승을 표함이며, 이때 부처님께 공양을 올린다"라는 뜻으로
해석할 수 있다. 이것은 반종(飯鐘)을 울려 공양 때인 사시(巳時)가
되었음을 대중에게 알리는 의식이다.154)

　「격금류」에서　전하는 '사시금'(巳時金)은 반종(飯鐘)을 말하고
종(鐘)은 쇠북, 금고를 설명하고 있음으로 이해할 수 있다. 그리고
'밥 반', 즉 '飯' 자를 쓰는 것으로 미루어 보더라도 공양과 깊은

---

152) 고려와 조선시대에도 현재와 같이 거치대에 설치되어 연주되었음을 짐작하
　　는 것으로 징과는 구분되어 사용되었음을 짐작할 수 있다. 국립중앙박물관.
　　출처: 본인 촬영.
153) 2권. 조선 순조 26(1826)년에 순창군 구암사 백파(白坡) 화상이 여러 가지
　　의식문(儀式文) 가운데서 추려내고 보태서 편찬한 것.『佛敎大辭典』, 下,
　　2209쪽.
154) 심상현,『佛敎儀式各論』, 3권, 324쪽.

관계가 있음을 알 수 있다. 이렇듯 불교의식에서 금고의 연주는 크게 대중에게 예불의 시간을 알려 모이게 하며 공양시간을 알려 부처님께 마지를 올리는 역할을 한 것으로 확인된다.

자웅금을 연주하여 의식을 진행하는 사찰은 영산재 보존 도량인 봉원사155)가 유일하다. 그나마 봉원사에서도 삼동결재156) 기간 중에만 자웅금의 연주 소리를 들을 수 있다. 자웅금은 새벽예불이 시작하기 직전까지 한 연주자에 의해 약 10여분 동안 진행된다.

자웅금의 연주 형태는 '雌雄金'이라는 한자어에서도 이해할 수 있듯이 암수 한 쌍의 꿩이 부리로 종을 울린 것을 본떠서 울렸다고 한다. 즉, 암컷은 힘이 약하기에 부리를 모아서 한번 "땡~" 하고 울렸고, 수컷은 힘이 세기에 부리를 벌리고 위 부리와 아래 부리로 한 번씩 쳐서 "동~당~" 하고 소리를 냈다고 한다.157) 승려 교육을 위한 기존 악보를 옮겨보면 다음과 같다.

[표 4] 자웅금의 연주법158)

```
○○ ○○○ / ○○●● ○○●● / ○● ○● ○○●● / ○● ○● ○○●●
/ ○●●●●● ○○●● / ○●●●●● ○○●● / ······ ○●●●●● ○○●●
● / ○○ ○ ○ ∨ ○○○○○ ※ ○는 오른손 ●는 왼손
```

---

155) 서울특별시 서대문구(西大門區) 봉원동(奉元洞) 안산(鞍山)에 있는 절. 한국 불교 태고종의 총본산이다. 889년(신라 진성여왕 3) 국사 도선(道詵)이 부유한 신도의 집을 희사 받아 절을 창건하고 반야사(般若寺)라 하였다. 홍승희, 『한국의 사찰』(서울: 대한불교진흥원 출판부, 2006), 상, 20쪽.

156) 선종에서는 4월 16일부터 7월 15일까지를 하안거(夏安居), 10월 16일부터 다음해 1월 15일까지를 동안거(冬安居)라고 해서 각각 90일간 사원에서 외출을 금지하고 안주하여 오로지 좌선을 중심으로 한 수행에 전념한다. 처음을 결하(結夏)·결제(結制)라 하고 끝을 해하(解夏)·해제(解制)라 한다. 『佛教大辭典』, 下, 1658쪽.

157) 심상현, 『佛教儀式各論』, 3권, 386쪽.

158) 심상현, 『佛教儀式各論』, 3권, 387쪽.

자웅금의 연주를 배우려는 학인 스님들을 위해 마련된 위와 같은 악보는 그 자체만으로는 음악적 형식을 이해하기 힘들다. 이와 같은 연주를 악보로 옮기면 다음과 정리할 수 있는데 봉원사에서 연주되는 자웅금 타법은 12/8박자이며 빠르기는 ♩.=90~120이며 3가지 연주 형태를 반복적으로 사용한다.

[악보 14] 자웅금의 기본 연주법

연주·채보: 혜일명조(2007)

A 형태

B 형태

C 형태

자웅금은 크게 세 가지 형태의 연주법을 가지고 있다. 연주자의 성향에 따라 이와 같은 형태를 임의로 섞어 연주할 수 있다. 자웅금은 처음 소리를 높여 연주하다가 전체의 연주 중 중간 부분까지 서서히 소리를 작게 하여 연주하고 다시 서서히 소리를 크게 높이며 마무리한다. 물론 이와 같은 연주 형태는 연주자에 따라 달라진다. 리듬의 형태는 한국 전통음악 장단인 자진모리 형태를 띠고 있다.

자진모리장단은 천수바라무의 반주음악의 기본 장단이다. 3분박, 3박자 형식을 가지고 있으며 주로 반주음악으로 사용하고 있는

데, 이와 같이 하나의 악기를 독립적으로 연주하며 진행하는 3분박 형태의 구성은 자웅금이 유일하다. 이는 독립적으로 연주하는 악기라도 얼마든지 3분박 리듬 형태로 연주할 수 있음을 증명하는 것으로 볼 수 있다. 법고 연주라도 말이다.

[그림 26] 삼각산 봉원사(좌)와 약사사(우)의 자웅금[159]

(3) 자웅금 장단이 쓰이는 불교의식

흔히, 불교의식에서 반주음악이라는 용도는 소사물을 사용하여 어장 스님들의 범음성(梵音聲)에 박자를 맞추거나 다음 진행의 순서를 알리는 한편, 재에 참여한 불자나 신도들로 하여금 흥을 돋아주어 신심을 한층 더 일으키게 한다. 사물을 원만하게 연주하기 위해서는 먼저, 범음성을 익혀야 제대로 장단과 리듬을 구사할 수 있다. 의식을 주도하는 법주와 바라지의 역할은 바늘과 실처럼 그 작위가 꼭 맞아 능숙하게 사물을 다룰 수 있어야 비로소 의식을 완벽하게 진행할 수 있다. 사물을 사용하여 반주하는 의식은 주로 무용 반주를 들을 수 있다. 물론 각 무용은 각기 독특한 소리를 구성으로 진행하지만 반주음악의 연주 형태는 대부분 한국 전통음악 장

---

159) 출처: 본인 촬영.

단의 하나인 자진모리를 기본으로 한다.

[악보 15] 천수바라무의 소리 및 태징과 북 연주법160)

범패조의 자진모리는 천수바라와 사다라니 등의 바라무의 기본
장단에 연주되는 3분박, 3박자의 리듬을 말하는데 이 장단은 바라
무를 비롯하여 운심게·가지게·장엄염불 등 불교의식에서 사용

[악보 16] 사다라니바라무의 소리 및 태징 북의 연주법161)

---

160) 법현, 『불교음악감상』(서울: 운주사, 2005), 97쪽.
161) 법현, 『불교음악감상』, 123쪽.

한다. 특히, 범패조의 자진모리는 불교의식의 범음·범패가 한국 전통 민속음악의 장단을 사용하여 진행함을 입증하는 것으로 한국 전통음악과도 그 맥을 같이하고 있음을 알 수 있게 한다.

[악보 17] 시작 쇠[162)

연주·채보: 혜일명조(2009)

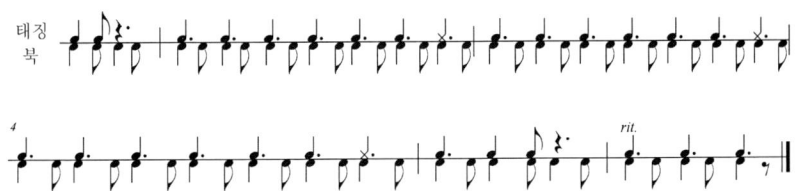

[악보 18] 자웅금 타법

연주·채보: 혜일명조(2007)

[악보 19] 자진모리장단[163)

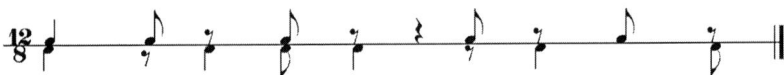

그렇다면 범패조의 자진모리와 자웅금은 과연 어떠한 공통점을 가지고 있을까?

---

162) 의식을 시작하기 위한 태징 연주법의 하나. 노명열, 『현행 생전예수재와 조 선불교 생전예수재 비교 고찰』, 484쪽.
163) 안정모, 『알기 쉬운 음악이론』(서울: 다래, 1990), 236쪽.

먼저 위의 악보의 각 장단을 비교한 것에서도 확인할 수 있듯이 불교의식에서 사용되는 기본적인 장단은 3분박으로 구성되어 있다. 3·6·9·12의 형태로 변화하고 있기 때문에 장단 기교에 차이가 있을 뿐 그 뼈대는 같다. 오히려 북과 태징 연주법에 비해 자웅금 연주는 보다 세밀하고 정교한 느낌마저 든다. 또한 한국 전통음악의 장단인 자진모리와 리금의 구성이 동일하다. 불교의식 중 앞에서 열거한 바라무의 북 반주는 자웅금의 연주법을 마치 한 손으로 연주한 것으로 볼 수 있을 만큼 3분박 리듬을 반복하고 있다.

[그림 26] 어장 스님들의 동당쇠 시연164)

---

164) 한국 불교계를 대표하는 당대 최고의 어장 구해(九海), 청산(靑山) 스님이 동당쇠 연주를 시연하고 있다. 출처: 본인 촬영.

자웅금은 독립적인 타악기다. 그렇기에 단조로운 장단에서 벗어나 한층 성숙한 음악적 리듬으로 연주한다. 범패조의 자진모리는 다른 악기(태징, 북, 태평소)와의 복합적인 연주가 이루어지기에 일정한 속도를 가지고 연주되지만 독립적인 연주로서의 자웅금은 연주자에 따라 얼마든지 속도가 빨라질 수 있다. 연주 속도가 빨라진다고 해서 그 구성이 달라질 수 없듯이 자웅금의 연주 형태는 분명 자진모리장단으로 구성, 진행한다. 이는 불교의식 반주음악을 독립된 타악기로서 연주할 경우 기존의 3분박 반주 형태를 벗어나 복합적이고 화려한 리듬 구성으로 이어질 수 있음을 의미한다.

4) 3분박 리듬과 국악의 장단

불교 법고 연주와 많은 연관성이 있을 것으로 여겨지는 승무(僧舞)[165]는 1969년 7월 4일 중요무형문화재 제27호로 지정된 이후 많은 후학들에 의해 대중적으로 사랑받고 있다. 승무는 승려가 추는 춤을 의미하는 그 명칭만으로도 불교와의 연관성을 배제할 수 없다.

승무의 기원설을 살펴보면 ① 세존(世尊)께서 영취산에서 법화경을 설(設)할 때 오색영롱한 천사색의 채화(菜花)가 내리니 제자 가섭(迦葉)이 이의 뜻을 알고 입가에 미소를 지으며 춤을 추었다고 하여 후세 승려들이 이를 모방하여 춤을 추기 시작한 것이 승무의 기원이 되었다는 '불교의식무설'[166], ② 지족선사를 파계시킨 황진

---

165) 불교의 영향을 받은 대표적인 북춤의 하나이다.

166) 이진실, 『승무의 반주음악 분석과 춤의 형태 비교』(서울: 경희대학교 교육대학원 체육교육전공 석사학위논문, 1989), 4쪽.

이의 무용에서 유래했다는 설과 파계승이 번뇌를 잊으려고 북을 두드리기 시작한 춤이 승무의 기원이라는 설 등의 '민속무용기원설'167), ③ 지난 시대의 승무전수자가 특수한 경우를 제외하고는 거의 광대나 기녀들에 의해 그 춤이 이어져 왔고, 주된 춤사위가 (기법)가 기녀무인 살풀이춤과 동질성을 가지고 있다. 그러므로 승무는 승려 무용과 남도 살풀이춤 또는 궁중무와 탈춤의 한삼춤에 영향을 받아 교방예술로 창조된 것으로 보는 '기방예술기원설'168) 등으로 나눌 수 있고 그 외에 동자설, 구운몽설 등 아직까지 증명되지 않은 많은 유래설이 전해지고 있다.

현재 승무는 크게 한성준에 뿌리를 두고 있는 한영숙류의 승무169)와 이대조에 뿌리를 두고 있는 이매방류의 승무170)로 구분하며 두 거장의 발판으로 다듬어진 승무는 지금도 많은 후학들에 의해 전해지고 있다.

승무의 법고 리듬을 다루고자 하는 것은 승무의 '북 놀음'과 불교 법고 리듬을 살펴 차이점을 비교해보기 위함이다. 그 이유는 민

---

167) 최영순, 『전통춤의 형성과 발달과정 연구』(서울: 중앙대학교대학원 한국음악학과 연희춤전공 석사학위논문, 2003), 31쪽.

168) 박지윤, 『승무발생기원설에 따른 형성과정의 사적가치 고찰』(서울: 이화여자대학교대학원 체육학부 무용전공 석사학위논문, 2003), 38쪽.

169) 한말과 일제강점기에 활동한 한성준을 기점으로 한영숙·강선영 등으로 내려온 춤 계보로 정갈하고 섬세한 기교와 단아한 기품을 으뜸으로 친다. 성기숙, 『한국춤의 역사와 문화재』(서울: 민속원, 2005), 212쪽.

170) 이매방 승무는 몸 방향이 우측과 좌측 등 방향이 고루 분포되어 있고 시선방향이 대체로 하향 지향적이다. 공간구조 중고도와 저가 많이 나타나며 무대의 상수, 하수 영역보다 좌, 우측 무대를 중심으로 공간구성이 이뤄진다. 이러한 특징은 남도의 예술미가 돋보이는 춤이라는 것을 보여준다. 최영순, 『전통춤의 형성과 발달과정 연구』(서울: 중앙대학교대학원 한국음악학과 연희춤전공 석사학위논문, 2003), 62쪽.

속무용으로 전수되는 승무가 불교와 연관성이 있을 것으로 가정한다면 외형적인 복식을 비롯해 악기의 연주 형태까지도 깊은 관련이 있을 것으로 추측되기 때문이다.

연구의 특성상 춤사위 부분은 제외한 연주 부분의 구성을 살펴보면, ① 느린 염불장단: 32장단 ② 빠른 염불장단: 8장단 ③ 느린 타령장단: 33장단 ④ 빠른 타령장단: 8장단 ⑤ 느린 굿거리장단: 52, 6, 15장단 ⑥ 빠른 굿거리장단: 4장단 ⑦ 자진모리장단: 4장단 ⑧ 당악: 56장단 ⑨ 느린 굿거리장단: 11장단[171)으로 나눠볼 수 있다. 구성 장단 중 자진모리장단 등은 현재 불교의식 진행을 위한 반주로도 사용되고 있어 불교의식에서 사용되는 반주 또는 북 장단과의 연관성이 있음을 짐작할 수 있다.

본 연구에서 승무 악곡 장단과 승무 중간에 연주되는 '북놀이'[172)장단은 법우 스님[173)의 증언을 바탕으로 정리하였다. 법우 스님은 "승무에서 쓰이는 반주 장단은 우리 전통장단인 3분박, 3박자의 리듬을 기본으로 하고 있고 말미(末尾)에 연주하는 '북놀

171) 한영숙류의 승무반주음악을 참고해 음악적 구조를 살폈으며 음악과 장단도 11번이나 변화되며 우리나라의 대표적인 장단을 모두 사용하고 있다. 이진실, 『승무의 반주음악 분석과 춤의 형태 비교』(서울: 경희대학교 교육대학원 체육교육전공 석사학위논문, 1989), 15쪽.

172) 북놀이는 구정놀이라고도 부르는 승무의 절정 부분인데, 북의 가락도 현란하고 소리도 세차며, 북 가락을 다루는 손과 팔의 놀림도 다양하다. 승무에서의 북 가락은 자진모리와 당악장단을 사용하는 것이 보편화되어있는데 북놀이에서 연주하는 장단은 자진모리장단이다. 최영순, 『전통춤의 형성과 발달과정 연구』(서울: 중앙대학교대학원 한국음악학과 연희춤전공 석사학위논문, 2003), 65-66쪽.

173) 조계종 태공 월주 스님을 은사로 출가하여 현재 대전광역시 무형문화재 제15호 승무 보유자이며 중요무형문화재 제27호 승무 이수자, 제97호 살풀이춤 이수자, 제50호 영산재 작법무 이수자로 있으며 대한불교 조계종 제17교구 현불사 주지를 맡고 있다.

이'에서는 북 가락의 진수를 보여주는데 이때 자진모리와 당악 형태를 바탕으로 꾸밈장단을 섞어 연주한다"고 설명한다.

[그림 27] 법우 스님의 승무에 관한 설명과 '북놀이' 시연174)

[악보 20] 법우 스님의 승무장단 중 자진모리장단175)

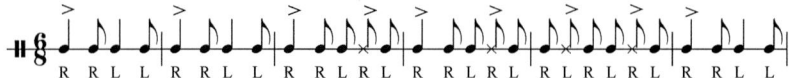

[악보 21] 북과 태징을 사용하여 연주하는 장엄염불 장단176)

---

174) 법우 스님은 승무가락 시연에서 자진모리(구정놀이)와 당악(휘모리)으로 구분하여 연주하였으며 이 장단은 불교의 장엄염불에 쓰이는 자진모리장단과 같다는 설명을 강조하였다. 2007년 1월 5일 대전 현불사. 출처: 본인 촬영.
175) 불교의식에서 연주하는 반주 장단인 자진모리장단을 사용하고 있고 'X'는 북의 각(테두리)을 치며 연주한다.
176) 위는 '북'이고 아래는 '태징'이다. 흔히 불교의식에서 사용하는 장단으로 천수바라등과 요잡바라에서 쓰이는 반주무와 자웅금과 같은 타악기에서 연주되는 불교의식의 가장 기본적인 장단이다.

현재 승무에서 쓰이는 장단은 한국 전통음악에서 보편적으로 확인할 수 있는 3분박 형태의 장단임을 확인할 수 있다. 그 장단 중 많은 부분은 불교의식에서 반주음악으로 사용하고 있다. 현재, 활동하는 타악 연주자도 이와 같은 승무 장단들 사용하여 음악을 구성하는 것을 알 수 있다.

[**악보 22**] 타악 연주자 임원식177)의 장단악보178)

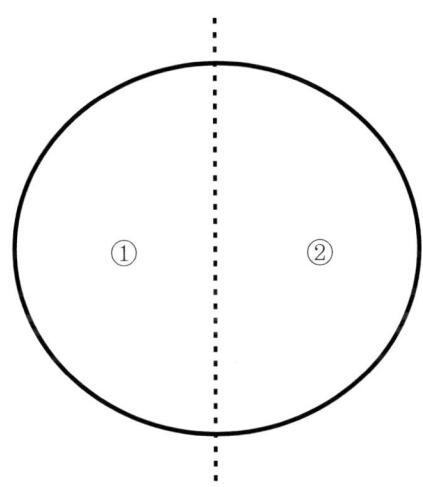

---

177) 추계예술대학교 및 동 교육정책 대학원을 수료하고 현재 전통 타악그룹 '제로파워'를 이끌며 대표적인 타악연주자로 활동하고 있다.

178) * 둥: 북면을 강하게 치는 소리 * 두: 북면을 약하게 치는 소리 * 따,딱: 각을 치는 소리 * 떠: 북채 뒤끝으로 각을 치는 소리 * 땅: 북채끼리 부딪치는 소리 * 딩: 북채 뒤끝으로 북 면을 치는 소리 * 두그: 북면을 연타로 치는 소리 * 따그: 북 테두리를 연타로 치는 소리 ①은 왼손, ②는 오른손으로 북을 연주한다. 출처: 임원식(한국전통타악연구원 상임이사).

삼채 첫째마루 – 놀음2

순서	가락												횟수	설명
17	②둥	①두	②두	①두	②두	①두	②두	①두	②두	①두	②두	①두	×1	처음에 '둥두'를 칠 때 오른손과 왼손이 알파벳 X자처럼 교차를 한 다음, 그 상태를 유지한 채 친다. 오른손이 밑, 왼손이 위에 위치한다.
18	②두	①두	②둥	①두	②두	①두	②두	①두	②두	①두	②두	①두	×1	앞의 '두두둥'에서 오른손이 '두'를 치고 우측으로 빠져서 이번에는 왼손 위로 가서 교차한 다음 17번과 같이 친다.
19	②둥	①두	②두	①두	②두	①두	②두	①둥	②둥	①둥	②둥	①두	×2	다시 17번의 상태로 1번, 18번의 상태로 1번을 번갈아 친다.
20	②둥	①두	②두	①두	②둥	①두	②둥	①두	②두	①두	②둥	①두	×2	17번과 18번의 손목 교차를 계속 반복하는 것이다.
21	②①두그	②①두그	②둥	②①두그	②①두그	②둥	②둥	①둥	②따	①둥	②딱	①두	×2	20의 손목교차를 빠르게 연속 2회 하는 동작이다.
22	②①두그	②①두그	②둥	②①두그	②①두그	②둥	②①두그	②①두그	②둥	②①두그	②①두그	②둥	×1	'두그두그둥'이 한 배에서 늘어지지 않도록 주의해야 한다.
23	②①두그	②①두그	②둥	②①두그	②①두그	②둥	②둥	①둥	②따	①둥	②딱	①두		

위 악보는 전문 타악 연주자를 위한 것이다. 악보에서 확인할 수 있듯이 연주의 대부분은 한국 전통 장단을 응용한 3박자 형태를 기본으로 한다. 결과적으로 승무에서 연주하는 장단을 비롯해 한국 전통 타악은 자진모리와 당악(휘모리)을 바탕으로 하는 3박자 형태의 장단을 사용하고 있고 3박자 형태의 리듬은 불교의식에서처럼 꼭 반주음악이 아닌 독주음악으로도 그 음악적 완성도가 완벽함을 확인할 수 있다. 결국, 불교의식에서 반주하는 자진모리는 승무에서의 것과 동일한 장단 구성임을 알 수 있다.

지금까지 확인한 장단들을 종합적으로 비교해보면 다음과 같다.179)

㉠ 승무(법고무)에서 쓰이는 장단

㉡ 자웅금에서 쓰이는 장단

㉢ 천수바라 반주 장단

하 리 나 야 마 발 타 이 사 미 살 발 타

사 다 남 수 반 아 에 염 살 바 보 다 남 바 바 마 라

㉣ 사다라니 반주 장단

래 에 삼 마 라 야 오 옴

---

179) 채보: 혜일명조.

이상의 각 장단은 속도와 연주 악기만 다를 뿐 그 연주 형태는 동일함을 한눈에 확인할 수 있다. 먼저 승무에서 쓰이는 장단은 3분박과 2분박 리듬을 섞어 쓰며 연주하고 있지만 그 음악적 패턴은 한국 전통음악에서 전해지는 다양한 장단을 섞어 연주한다. 당연히 서양의 2박자 리듬과는 차이가 있다. 2분박을 바탕으로 연주하는 것은 상대적으로 속도감이 빨라 북 소리를 듣는 자로 하여금 자연스러운 긴장감을 주는 결과로 이어질 수 있고, 구성 형태가 단순하여 음악적 완성도를 높이기에는 한계가 있다.

자웅금의 연주는 악기가 일반적인 대북에서 쇠북으로 바뀌었을 뿐, 장단의 구성은 앞서 소개한 승무 장단과 같은 3분박 형태로 이뤄져 있다. 불교의식, 천수바라와 사다라니의 경우도 3분박 형태의 리듬으로 구성하여 진행한다. 즉, 불교의식에서 사용되고 있는 독주 혹은 합주 형태의 음악은 모두 3분박으로 진행한다.

ⓜ 2분박 법고 리듬의 시연부

그러나 현재 불교의식 중 예불을 위해 연주하는 법고 리듬은 2분박을 기본으로 하고 있다. 한국 전통음악의 장단이나 전통 무용의 반주음악 그리고 불교의식에서 연주하는 반주음악은 음악 중간 중간에 2분박을 리듬을 섞어가며 혼합 장단으로 구성할 수는 있어

도 현행 법고 리듬과 같이 처음부터 끝까지 2분박 음악으로 연주하는 경우는 찾아볼 수 없다. 결국 현재 연주하는 법고리듬은 서양음악에 영향을 받은 연주자에 의해 근래에 재정립된 음악으로 볼 수 있다.

③ 3분박 법고 연주법

본 장에서는 한국 전통음악과 동일한 구성으로 연주할 수 있는 불교 법고 연주법을 소개하도록 하겠다. 모든 연주 형태는 3분박을 기본으로 하되 보다 익히기 쉽도록 3분박 장단을 네 번 반복하도록 하여 12/8박자를 기본으로 한다.[180) 또한 지난 10여 년 동안 접해본, 현재까지 전해지는 불교의식 반주음악에 포함된 장단만으로 구성하였다.[181)

---

180) 사실 3분박을 네 번 반복하면 12박이 되므로 4박자 음악일 것으로 여길 수 있다. 그러나 4박자를 3번 반복하는 형태도 확대해서 생각하면 곧 3분박임을 인지해야 한다. 현행 4박자 법고 리듬에서 12박을 연주하기 위해서는 4、4、4가 아닌 8、4 혹은 2、2、4、4등으로 분할하는 경우다. 그러나 정확하게 이해하면 4박자는 4의 배수인 8과 16 그리고 32로 나뉘어 연주하는 형태를 말한다. 6과 12, 24는 분명 짝수이지만 3의 배수이지 4의 배수가 아니다.

181) R: 오른손, L: 왼손. 연주、채보: 혜일명조(2010).

1) 도입부

(1) 새벽예불

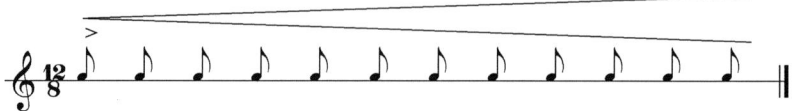

(2) 저녁예불

　도입부에서 유의할 것은 소리를 서서히 높여가거나 줄어가는 연주 형태다. 새벽예불의 경우에는 이어질 시연주의 기본 리듬을 기본으로 하되 소리를 점점 높이며 시작하고 저녁예불의 경우에 크게 연주를 시작하되 마치 목탁을 한 번 내려 연주하는 트릴 형식으로 울린 다음 서서히 시연부로 이어간다.

2) 시연부 1

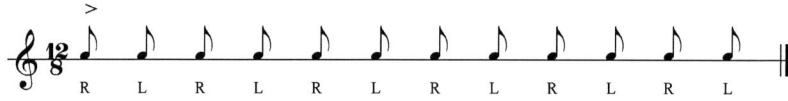

　시연부는 3분박, 3박자의 가장 기본적인 형식으로 진행한다. 첫

연주 오른손에 '강'을 한 번 연주한다.

3) 시연부 2

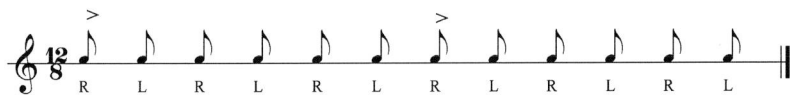

연주를 고조시키기 위해 오른손에 '강'이 두 번 들어간다.

4) 시연부 3

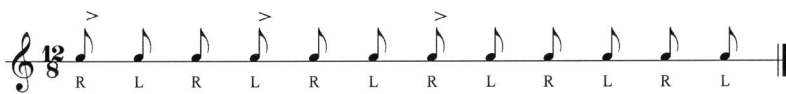

오른손 후 왼손에 '강'을 연주함으로써 음악의 리듬감을 고조시킨다.

5) 시연부 4

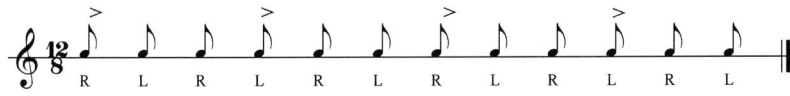

오른손과 왼손을 번갈아가며 '강'을 연주한다. 음악과 리듬감의 고조를 느낄 수 있다.

6) 시연부 5

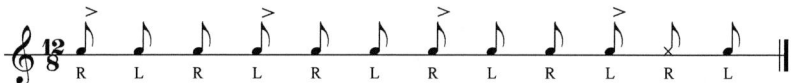

후반 부분에서 오른손으로 북 테두리를 한 번 연주한다. 과거에는 예불을 위한 법고 연주에서는 북 테두리를 연주하지 않았다는 증언이 있으나 현재에 와서는 각 종단 예불에서 쉽게 테두리를 연주하는 것으로 나타나기 때문에 음악적 리듬감에 한국 음악의 미적 요소를 가미하기 위해 테두리 연주를 포함하였다. 불교의식 중 장엄염불 반주음악에서 주로 쓰이는 장단이다.

7) 시연부 6

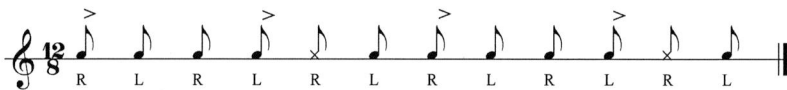

오른손으로 두 번 북 테두리를 연주한다. 이 역시 현행 장엄염불 반주음악이다.

8) 시연부 7

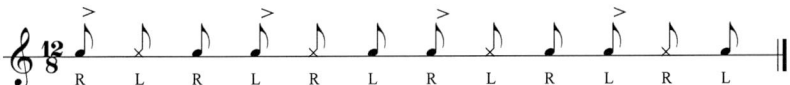

이 리듬은 타악 연주자들이 주로 사용하는 것으로, 북 테두리를 왼손과 오른손을 번갈아 가며 연주하는 형태로 음악적 리듬감을 살리는 중요한 연주법이다.

9) 시연부 8

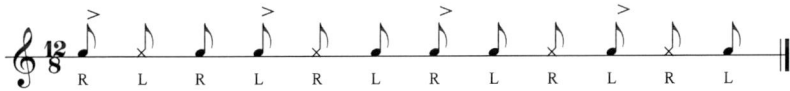

승무 북놀음에 등장하는 연주법으로 후반에 오른손을 반복적으로 두 번 북 테두리를 연주한다. 화려한 기교를 느낄 수 있다.

10) 시연부 9

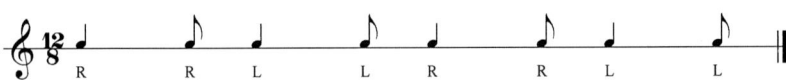

동당쇠의 기본 연주법이다. 시연부 8에서 이어진 연주를 화려한

기교가 경쾌한 리듬으로 바꿀 수 있다. 주의할 것은 이 연주법부터
는 오른손을 두 번 이어 왼손을 두 번 이어감으로써 전통음악의 멋
을 한층 고조시킬 수 있다. 천수바라무의 북 반주음악과 동일한 구
성이다.

11) 시연부 10

연주 중간에 오른손으로 북 테두리를 연주함으로써 한국 전통
장단의 멋을 느낄 수 있다.

12) 시연부 11

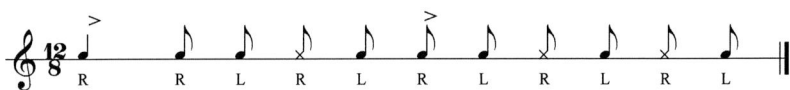

동당쇠 리듬과 승무 북놀음을 합친 형식으로 법고 리듬의 완성
도를 높일 수 있다.

13) 종결부

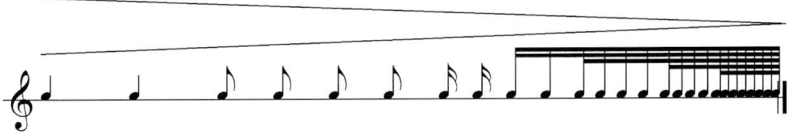

새벽, 저녁예불의 구분 없이 동일한 형태로 법고 연주를 마친다. 연주법은 목탁을 한 번 내리는 형식으로 연주한다.

이상으로 3분박, 3박자 형식의 법고 연주법을 소개하였다. 각 연주법은 무한 반복할 수 있다. 가령, 시연부 1만으로도 충분히 멋진 연주가 가능하다. 그리고 소개한 모든 연주법은 연주자가 임의로 섞어서 연주해야 한다. 가령, 시연부 1 ⇒ 2 ⇒ 3의 순으로 해도 무방하고 시연부 11부터 역순으로 연주해도 무방하다. 당연히, 연주자가 연주하기 편한 것을 선택해서 연주해도 전혀 문제될 것이 없다. 모든 연주는 연주자의 성향에 의해 결정될 몫이기 때문이다. 또한 이 외 다른 연주법을 창작해 다양한 형태로 변형시켜 연주해도 무방하다. 이것이 곧 법고 연주의 발전이고 필자가 요구하는 것이다. 그러나 잊지 말아야 할 것은 3분박, 3박자 형태는 반드시 유지해야 한다는 것이다. 그것만 지켜 연주한다면 불교 법고는 비로소 불교의식의 한 축으로 무한히 발전할 수 있다.

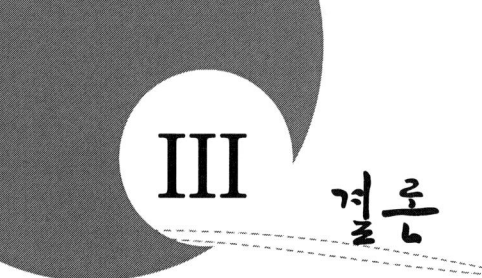

III 결론

　불교의 탄생과 더불어 함께한 법고 연주는 그 상징적인 의미는 물론, 의식(儀式)을 구성해 가는 데 있어 중요한 법구(法具)로 인식한다. 법고를 연주함은 불·보살을 찬탄하고 일체 중생을 제도하며 공양을 올리는 원대한 서원의 결정체이기에 음악의 차원을 넘어 그 연주 자체가 부처님의 가르침일 수 있다. 이 땅에 불교가 자리한 1,600년의 역사성으로 볼 때 법고 연주는 한국 전통음악이나 전통 불교음악의 특징을 그대로 담고 있어야 한다.

　그러나 이와 같은 역사성과 음악적 가치에도 불구하고 현행 법고 리듬의 음악적 구성은 한국 전통음악이나 불교의식의 반주음악에서 찾아볼 수 없는 차별화된 2분박 리듬 구조로 진행한다. 불교음악의 특징은 지역과 종단, 심지어 사찰에 따라 다양한 소리와 절차가 존재하며 무용과 반주음악도 이와 같은 모습으로 전해진다. 더군다나 불교 무용과 염불의 진행을 위한 반주음악 형태가 흐름에 따라 풀어지고 조여지는, 1박자를 3등분한 3분박 형태를 띠고 있음에도 불구하고 대한불교 조계종을 비롯한 한국 불교계의 각 종단에서는 모두 동일한 4박자, 2분박 형태의 리듬을 고수하고 있다.

1박자를 2등분한 2분박 리듬으로 구성된 법고가락이 언제부터 정착했는지 단정 지어 판단할 수 없다. 다만, 대한제국과 일제강점기를 거치며 자리한 신교육정책이 서양음악 교육을 각 학교에서 자연스럽게 정착하는 계기를 마련하였고 서양음악이 한국 국민의 기본적인 음악적 감성으로 자리 잡아가는 데 지대한 영향을 미치게 되었음을 확인할 뿐이다. 더군다나 이와 같은 영향으로 현시대를 살아가는 모든 이들이 서양음악(대중음악)을 아무런 거부감 없이 인식하고 받아들이며 스스로 서양음악적 리듬과 박자에 동화(同化)되어 한국의 전통적인 장단과 리듬에 거부감을 느끼는 결과를 초래한 점은 전통음악에 변화를 가져오기에 충분하다. 더군다나 사회에서 고등교육을 받고서 출가한, 서양음악 교육만을 익혀온 승려들은 당연히 서양음악과 리듬에 익숙할 수밖에 없고 전통 불교의식과 음악을 접해보지 않은 이상 2분박 형태의 법고 연주를 설행할 수 있어 이와 같은 리듬 정착은 이미 예상된 결과로 보인다.

　그러나 현재의 법고 연주가 서양음악적 형식을 벗어나 한국 전통음악으로서의 역사성과 전통성을 인정받기 위해서는 불교의식과 동일한 구성의 연주법으로 재정착시켜야 한다.

　바라무와 장엄염불, 심지어 정근의 반주음악 그리고 자웅금의 연주법 등은 불교의식 속에 숨겨진, 새롭게 구성할 법고 연주법의 해답을 갖고 있다. 전형적인 3분박, 3박자의 자진모리장단이 바로 그것인데 이는 승무의 북놀음과도 많은 공통점을 지니고 있어 한국 전통음악과도 상통한다. 그러므로 서양음악의 유입으로 탄생한 현행 2분박 형태의 법고리듬은 불교의식 속에 담겨 있는 3분박 형태의 연주법으로 재정립해야 한다.

　한국의 불교음악, 범음·범패가 역사성과 전통성을 인정받는 이

유는 그 속에 한국 전통음악이 자리하고 있기 때문이다. 현재의 법고 리듬이 누구에 의해 먼저 시작되고 그 장단이 완성되어 각 승가에 자리 잡게 되었는지 이제 더 이상 중요하지 않다. 이제라도 불교의식 속에 숨겨진 음악적 형태를 바탕으로 얼마든지 수정해 갈수 있기 때문이다. 그리고 그것은 불교의식을 전승하는 우리의 몫임을 잊지 말아야 한다.

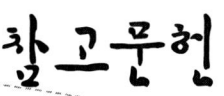

참고문헌

1. 단행본

『동아세계대백과사전』, 서울: 동아출판사, 1982.

『브리태니커세계대백과사전』, 서울: 웅진출판주식회사, 1993.

『佛敎大辭典』, 서울: 홍법원, 1998.

김능화, 『천수바라춤』, 인천: 한국불교무용연구소, 2001.

김청만·김광섭, 『한국의장단』, 서울: 민속원, 2002.

김해숙·백대웅·최태현, 『전통음악개론』, 서울: 어울림, 1995.

노동은, 『한국근대음악사 1』, 서울: 한길사, 1995.

대한불교조계종 교육원, 『曹溪宗史: 근현대편』, 서울: 조계종출판
　　　사, 2001.

박범훈, 『한국불교음악사연구』, 서울: 장경각, 2000.

박용삼, 『새음악통론』, 서울: 삼호, 1993.

법현, 『불교무용』, 서울: 운주사, 2002.

＿＿, 『불교음악감상』, 서울: 운주사, 2005.

＿＿, 『불교음악영산재연구』, 서울: 운주사, 1997.

　　　　，『한국의 불교음악』, 서울: 운주사, 2005.

법회연구원, 『붓다의 가르침』, 서울: 정우서적, 1993.

성기숙, 『한국춤의 역사와 문화재』, 서울: 민속원, 2005.

손인수, 『한국근대교육사』, 서울: 연세대학교출판사, 1971.

스가누마 아키라. 이지수 옮김, 『산스끄리뜨의 기초와 실천』, 서울: 민족사, 1990.

심상현, 『佛教儀式各論』, 서울: 한국불교출판부, 2000.

심학섭, 『불교의 기초지식』, 서울: 해군군승법사단, 1995.

안정모, 『알기 쉬운 음악이론』, 서울: 다래, 1990.

安震湖, 『釋門儀範』, 서울: 卍商會, 1935.

이봉춘, 『근대불교개혁론의 이념과 실제』, 서울: 석림, 1993.

張師勛·韓萬榮, 『國樂概論』, 서울: 서울미디어, 1994.

전인평, 『새로운 한국음악사』, 서울: 현대음악출판사, 2000.

　　　　，『한국음악장단의 역사와 논리』, 서울: 중앙대학교 출판부, 2004.

정광호, 『근대한국불교관계연구』, 서울: 인하대출판부, 1994.

조봉행, 『음악기초이론과 실습』, 서울: 다라, 2002.

종단사간행위원회, 『太古宗史』, 서울: 한국불교출판부, 2006.

韓萬榮, 『韓國佛教音樂研究』, 서울: 서울大出版部, 1891.

한영애, 『조선장단연구』, 서울: 민속원, 1989.

2. 논문

강원경, 「국악과 서양음악의 리듬적 요소에 대한 비교연구」, 석사학위논문, 동아대학교 교육대학원, 1979.

김경집, 「한국불교 개화기 교단사 연구」, 박사학위논문, 동국대학교 대학원, 1996.

김순미, 「朝鮮朝 佛敎儀禮의 詩歌 硏究: 梵音刪補集을 중심으로」, 박사학위논문, 성대학교 대학원, 2005.

김완정, 「근대일본불교의 한국 내 활동과 그 영향」, 석사학위논문, 동국대학교 대학원, 1998.

김학자, 「한국불교음악의 역사적 전개에 관한 연구」, 석사학위논문, 원광대학교 교육대학원, 2000.

노명열, 「현행 생전예수재와 조선불교 생전예수재 비교 고찰: 의식절차와 음악을 중심으로」, 박사학위논문, 중앙대학교 대학원, 2010.

문명구, 「한국불교음악의 전개에 관한 연구」, 석사학위논문, 원광대학교 동양학대학원, 2000.

박지윤, 「승무발생기원설에 따른 형성과정의 사적가치 고찰」, 석사학위논문, 이화여자대학교 대학원, 2003.

송미란, 「전통음악 지도체계의 재구성에 관한 연구」, 석사학위논문, 한양대학교 교육대학원, 2000.

신인선, 「한국음악과 서양음악에 나타난 리듬 비교연구」, 석사학위논문, 경희대학교 대학원, 1985.

야마우치 후미타카, 「한국에서의 일본대중문화 수용에 관한 역사적 고찰」, 석사학위논문, 한국외국어대학교 국제지역대학원, 2000.

윤영화, 「서양음악의 리듬변천에 관한 소고」, 석사학위논문, 서울대학교 대학원, 1982.

음승희, 「효과적인 리듬 교육을 위한 수업지도 방안 연구」, 석사학위논문, 경희대학교 교육 대학원, 2006.

李英淑, 「朝鮮後期 掛佛幀 研究」, 박사학위논문, 동국대학교 대학원, 2003.

이진실, 「승무의 반주음악 분석과 춤의 형태 비교」, 석사학위논문, 경희대학교 교육대학원, 1989.

정동하, 「일제식민지하에 있어서 한국불교」, 석사학위논문, 한국정신문화연구원, 1987.

정세윤, 「사물놀이의 장단분석」, 석사학위논문, 동아대학교 교육대학원, 1994.

최지호, 「미국문화의 상륙과 한국 스탠더드 팝의 형성」, 석사학위논문, 단국대학교 대중문화 예술대학원, 2005.

최영순, 「전통춤의 형성과 발달과정 연구」, 석사학위논문, 중앙대학교 대학원, 2003.

표창진, 「한말일제하 일본불교의 침투와 조선불교계의 재편」, 석사학위논문, 한국외국어대학교 교육대학원, 1998.

황승희, 「傳統舞踊에 나타난 북춤 연구」, 석사학위논문, 상명여자대학대학원, 1985.

3. 시청각 자료

『전국승가대회 법고』. 서울: 청룡사, 2006.

『통도사법고』. 서울: 청룡사, 2006.

『봉원사법고』. 서울: 청룡사, 2006.

『관음종법고』. 서울: 청룡사, 2006.

『현성스님 법고 설명』. 서울: 청룡사, 2007.

『혜담스님 법고 설명』. 서울: 청룡사, 2007.

『만봉대종사 사십구재』. 서울: 청룡사, 2007.

『대구 진불사 영산재』. 서울: 청룡사, 2007.

『한파스님 재 의식』. 서울: 청룡사, 2006.

『석정스님 녹음자료』. 서울: 청룡사, 2006.

『구해스님 자웅금 연주』. 서울: 청룡사, 2007.

『청산스님 자웅금 연주』. 서울: 청룡사, 2007.

『법우스님 북놀음 시연』. 서울: 청룡사, 2007.